第1章　表現者の足跡
——なぜ「表現の自由」か

文芸・芸術作品や思想哲学、歴史的価値のある記録など、世界には現在に受け継がれて息づいている《表現》がたくさんある。近年、世界最初の戦争画家として再評価されているゴヤの絵が伝えているもの、アメリカで重大な歴史的転換の時期に多くの人が残した新聞への投書や意見パンフレット、20世紀にガンジーやマルティン・ルーサー・キング牧師が残した演説の記録など、過去に《表現されたもの》が今も私たちの社会を支える重要な役割を果たしている。

表現者たちが残したそのような足跡を手掛かりにしながら、「表現の自由」はなぜ大切か考えてみたい。

1 「表現の自由」の足跡

憲法21条　集会、結社及び言論、出版その他一切の表現の自由は、これを保障する。
2　検閲は、これをしてはならない。通信の秘密は、これを侵してはならない。

日本国憲法は、21条で「表現の自由」を定めている。そこでは、「一切の」表現が、その自由を保障されている。「自由を保障する」ことのもっとも基本的な意味は、国家（公権力）が、人間同士の自発的な行為であるさまざまな表現を妨害しない、ということである。たとえば、国家が市民の自由な表現活動に介入し遮断する「検閲」や、プライベートなコミュニケーションとしての「通信」に立ち入ろうとすることは、この条文の2項で禁止されている。これは、この憲法が制定される以前に、そのような介入・侵入が数多く行われてきたことの反省があるからである。

日本国憲法をはじめ多くの国の憲法が「表現の自由」をとくに重要なものとしているが、それにはさまざまな理由がある。
まずは、その理由を世界史的な視野で理解するために、さまざまな文芸や映画のイメージを借りてみることにしよう。

(1)『王妃マルゴ』と『1492 コロンブス』

宗教権威からの解放

憲法が保障する人権の中には、「精神的自由」と呼ばれる権利群がある。ここには、思想・良心の自由や、信教の自由、表現の自由、学問の自由が含まれている。

「信教の自由」と「政教分離」は歴史上、「精神的自由」の中で最も早くから意識され明文化された。日本国憲法20条は「個人」の自由としての「信教の自由」を保障し、その表裏をなすルールとして国家に特定の宗教を持たないこと、国民に宗教を強制しないこと、特定の宗教を優遇・支援しないこと、というルールを課している。同種の憲法ルールはフランスにもアメリカにもある。なぜこのようなルールがあるだろうか。

映画『1492 コロンブス』(1992年、フランス・スペイン・イギリス)を見ると、その事情がよくわかる。世界の形を確かめるために航海に出たいと熱望するコロンブスに「そのような仮説を唱えることは宗教的異端とみなされかねない」、「異端とみなされれば火刑に処される」との恐れが立ちはだかる。「表現の自由」、「信教の自由」、「思想良心の自由」、そして「学問の自由」もなかった時代、コロンブスはこの恐れを用心深くかわしながら、自分の考えを真実発見のための冒険ではなく、国家に利益をもたらすための航路開拓の話としてスペイン女王に話し、船出の許可と出資を引き出した。

これらのエピソードは、当時のヨーロッパの宗教がいかに人々の思考を縛る圧力となっていたかを物語っている。この映画で描かれるコロンブスにとって、命をかけた「冒険」とは、何よりもまず宗教教義に異を唱えることだったのである。コロンブスは特別に豪胆な野心家だったかもしれない。しかし、彼以外の大多数の人々は、このような状況では「これが真実なのでは」と思いついたことを自由に言葉にすることはできないだろう。まして人々の考えを下から統治へと上げていくような自己統治の社会をつくっていくことも、到底できない。

宗教抗争からの脱却

アレクサンドル・デュマの小説『王妃マルゴ』も、宗教による束縛と慢性化した紛争から抜け出すというヨーロッパの課題を理解する手助けとなる。16世紀、フランスの王家は、宗教抗争を終わらせるためにカトリック信者の王女マルゴとプロテスタント信者の地方貴族ナヴァール伯を結婚させ、これによって国内の両方の信者たちを平定しようとする。しかしその試みは裏目に出て、婚礼を祝福するために集まった民衆同士が殺し合う「聖バルテルミの大虐殺」が起きてしまう。

この作品は映画化もされているので、映画の話もしておくと、イギリスのエリザベス一世を描いた映画『エリザベス』（1998年、イギリス）の冒頭でも、宗教抗争の中で命を落としていく民衆が描かれている。エリザベス自身も宗教的異端の疑いをかけられ生命の危機にまで追い込まれる場面があり、こうした残酷な紛争状況を解決することが統治者としての彼女の課題であることが暗示される。

本書の第4章では「共存社会」の課題という角度から「表現の自由」について考える。異なる世界観や信仰を持った人々が、その正しさや優位性を競って争うことをせず、互いの違いを個性として認め合いながら共存できる社会を作り上げることは、現在でも世界中が共有している未達成の課題である。これが近代憲法の始まりとともに「自由」と「平等」の名のもとに目指されるようになっていくのである。

人々がそれぞれの精神的自由を得るためにも、民主主義の担い手として公論のできる市民となるためにも、そしてとりあえず暴力的紛争に陥らずに共存するためにも、宗教権威から自由になることがまず必要だった。これらの作品には、このような歴史が映し出されている。こうした歴史があった後、18世紀末のアメリカ・フランスでは、人々が精神の自由を手に入れるために、国家が宗教を持たないこととしたのである。アメリカの憲法では、表現の自由と信教の自由（国教樹立の禁止）が同じ条文の中に定められているが（合衆国憲法・第1修正条項）、それは、これらが切っても切れない関係に立っていることを示している。

（2）大衆文化と民主主義――パンフレット、雑談、カフェ、風刺……

カフェの盛隆と公論

説得力や魅力のある表現は、社会を下から動かす力を持っている。一人ではできないことでも、大勢の共感を呼ぶことで実現の可能性を高めることができる。だからこそ歴史上、表現者や集会が注視され、妨害される事件が多く起きてきた。憲法でその「自由」を確保する必要がここにある。

歴史を見ても、社会が近代・現代の民主主義的なあり方を確立する過程で、討論や印刷・出版、それを効果的に広めるための風刺画、音楽などの大衆文化は、重要な役割を果たした。たとえば、市民革命期前後の18世紀後半から19世紀にかけて、ヨーロッパの諸国ではカフェやパブを舞台として、不特定の人々が共通の関心事について討論することが流行した。このときにさまざまな風刺画が描かれ、人々の政治への関心を高めるのに一役買ったことも知られている。フランスではこれがフランス革命へとつながっていった。一方、オーストリアでは女帝マリア・テレジアがカフェ文化の核となったコーヒーを禁じなかったため、現在でも庶民文化に理解のあった統治者として称えられている。

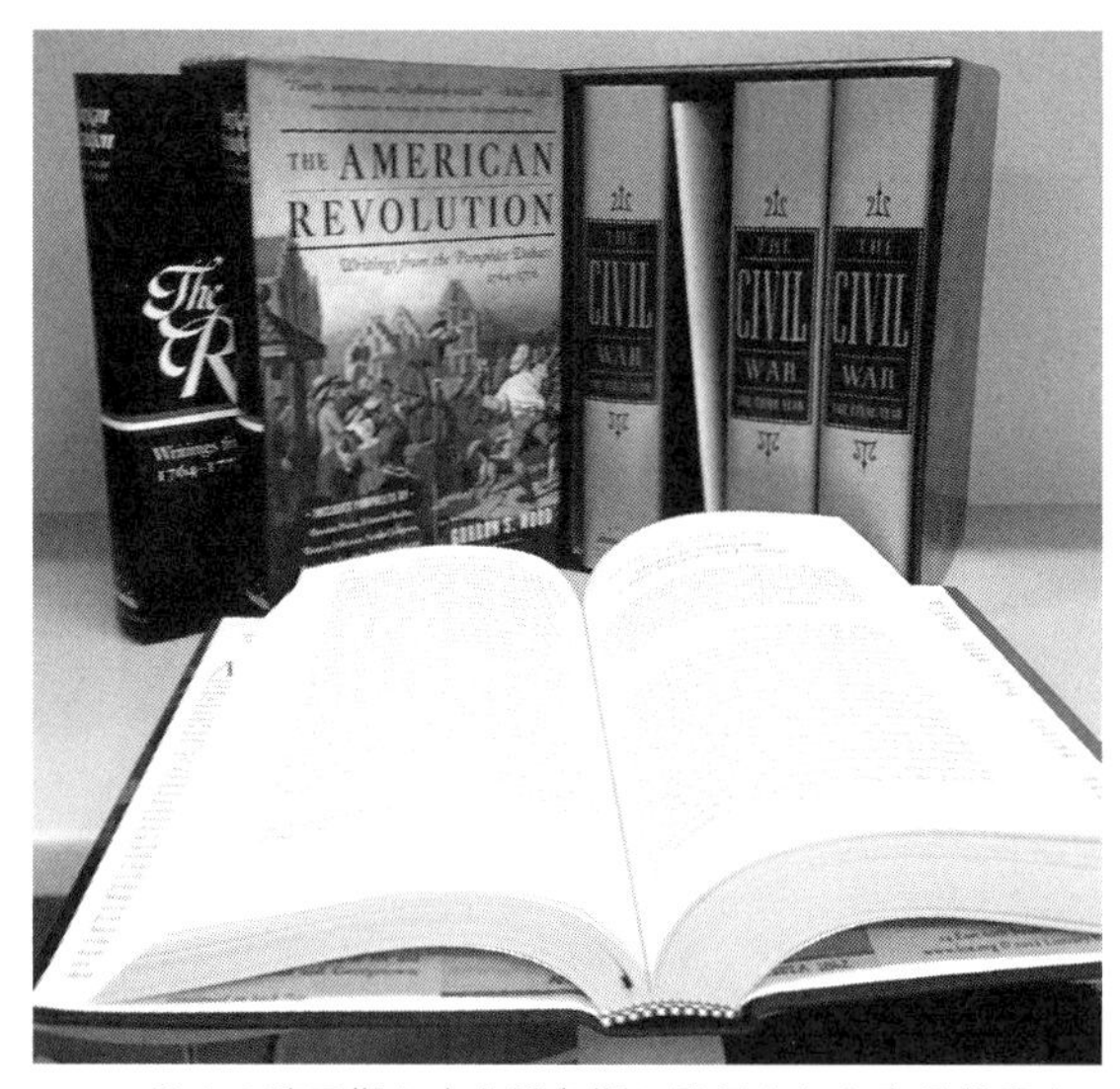

アメリカの建国期と南北戦争期に発行された意見投書やパンフレットが編纂され出版されている

プレスの自由

一方、当時は人口密度も低く交通手段も発達していなかったアメリカでは、プレス（印刷物、とくに新聞）の果たした役割が大きかったと言われている。とくにアメリカ独立の前後の１７７０年代、そして奴隷制の廃止をかけて南北戦争が戦われた１８６０年代、多くの匿名の意見投書が新聞に掲載され、また意見表明のパンフレットも発行された。この歴史があるために、アメリカでは今でも「匿名表現の自由」が民主主義を支える重要なものとして大切にされている。

こうした表現活動によって、その後「人民」the peopleや「市民」citizenと呼ばれることになっていく一般の人々が、その時々の事件や社会問題を知ることができるようになった。これが人々の意見形成の力、そして自分たちの社会のあり方について想像する力を、飛躍的に高めることになった。本書第3章では民主主義と「知る権利」と「表現の自由」とが途切れないサイクルを描く循環関係にあることを見るが、それはこうした歴史の中から次第に汲み上げられて確立してきた循環関係なのである。

このように、公共性のある事柄について意見を表明し、社会の流れを作っていくことは、すぐれて政治的な思考と行動である。こうした動きを、一部の特権階級ではなく、一般庶民が自発的に担うようになったとき、一般庶民は「政治の主体」へと、つまり「市民」、「主権者」へと、そのあり方を発展させていった。

(3) 共存のための「非暴力」と「表現の力」

2018年(本書執筆時)は、マルティン・ルーサー・キング牧師没後50年にあたる。社会に蔓延(まんえん)している偏見・不条理・冷笑と闘う、しかも暴力に陥らずに闘うという意志が実在し、歴史の重要な場面として息づいていることを、私たちはその演説の記録から確認できる。その演説やデモ行進を再現した映画『グローリー　明日への行進』(2014年、アメリカ)は、「表現」が社会と統治者を動かすという《民主主義のサイクル》を描き出している。

そのキング牧師が手本にしたのが、インド独立の父・ガンジーの非暴力抵抗主義だった。映画『ガンジー』(1982年、インド・イギリス)には、随所に表現の力を駆使した闘いが描かれている。ときに暴力的な感情噴出の形をとりやすい変革のエネルギーを、そこに向かわせずに説得や交渉へと導いていくガンジーの活動方法は、「表現」というものが物理的な力よりも大きな影響力を持つことを教えてくれる。

ただ、この同じエネルギーが感情的ナショナリズムやポピュリズムに陥らずに熟議へと結実するには、さまざまな要素が必要となる。その要素について考察することも「表現の自由」を考える上で重要な課題である。熟議よりも大衆の感情的支持を直接得ることを関心事とする政治を「ポピュリズム」と言うが、現在、これの台頭によって、市民の熟議による政治が見失われる危険があることが世界中で憂慮されているからである。

（4）芸術や文芸の魅力と国家

ゴヤ、ユゴー、スタインベックが描いた悲惨

フランス革命のあった18世紀末のヨーロッパは、みんなで足並みを揃えて中世から近代に移行したわけではなかった。当時の社会は、中世的な宗教観・世界観を持つ人々と新しい近代啓蒙思想を受け入れた人々との主導権争いで、揺れていた。この時代のスペインの宮廷画家ゴヤが残した絵画には、そうした社会の様子が描かれている。宮廷画家として依頼された仕事を果たす一方で、貧困や飢餓に見舞われた人々、「解放」と称して虐殺や略奪を行う軍隊の被害を受ける人々など、期待されたものとは異なるものを、ゴヤは描き続けていた。そちらの絵画が

今では、芸術としても記録としても歴史的価値を持つものとして評価されている。これらの絵画が、禁止も廃棄もされずに残ったことは後世の私たちにとって大きな幸運だった。

ユゴーの『レ・ミゼラブル』、スタインベックの『怒りの葡萄』といった文学作品も、物語自体はフィクションであるが、そこに描きこまれた社会背景には重要な歴史的価値がある。絵画や文芸は、写真や記録文書とは違って、作者の目で解釈され再構成された世界が描かれている。しかしそこに《時代の本質》が掴みとられ描き出されていることもあり、共存のために必要な他者への共感や想像力を与えてくれることもある。

そう考えてみると、民主主義を支える価値があるとされる政治的な演説や論説や報道と、民主主義とは関係のないものとしての芸術やエンタテイメントを分けることは、人工的な区別であって、本質的には無理なことかもしれない。むしろこの峻別が文化芸術の閉塞をもたらすことになるかもしれない。

芸術統制の足跡

芸術や文芸は、一方では民主主義的な公共価値とは別のものとされながら、一方では民衆の感情や意見を誘導するために政治的に利用されてきた。最も有名なのは、第二次世界大戦中のナチス・ドイツが、ドイツ国民にとって好ましい芸術と好ましくない「退廃芸術」とを分け、芸術家にイメージ戦略への協力をさせたことだろう。日本もこれと似た文化芸術政策をとっていた。そのような流れの中で、労働運動（政治）に影響を与える可能性が危惧された作家・小林多喜二が特高警察に取り調べを受けて、惨殺された事件（1933年）は、「表現の自由」に関心のある人ならばぜひ知っておいてほしい事件である。こうした歴史の反省を現在の「表現の自由」にどう生かしていくかについては、第5章を参照してほしい。

国家が芸術家に、ある政治目的を進めるための協力を要請し、それに協力しない芸術家には冷酷な姿勢をとる、といったことは、第二次世界大戦後の世界でも見られた。この問題を正面から描いたのが、アンジェイ・ワイダの遺作となった映画『残像』（2016年、ポーランド）である。他にも『善き人のためのソナタ』（2006年、ドイツ）、『真実の瞬間（とき）』（1991年、アメリカ）、『トランボ　ハリウッドに最も嫌われた男』（2015年、アメリカ）などを観ると、舞台演劇や映画を職業とする人々が、時の政府の期待に沿わない思想的態度をとったことで仕事が続けられなくなる状態に追い込まれる、という事実があったことが描かれている。

国家による支援は、このように統制に結びつきやすい。そこに陥らないようにルールを立てながら、文化芸術支援を進めていくことができるかどうか。日本が文化芸術立国になれるかどうかは、そこにかかっているだろう。

さて、「表現の自由」に関わるさまざまなエピソードを断片的に見た。次に、これらのエピソードの力を借りながら、憲法で保障されている「表現の自由」とはどのようなものか、基本的なところを整理してみよう。

2 なぜ「表現の自由」か

「表現の自由」を中心とする精神的自由は、今見てきたような長い歴史に支えられている。精神的自由を保障した近代憲法ができあがってくる以前、それがなかったために苦しんだ人々の歴史を考えれば、社会というものができて以来の長い歴史を反映していると言っていい。

この「表現の自由」はなぜ、とくに重要な人権としてその「自由」が保障されるのか。憲法上のさまざまな人権の中でも、なぜ、その規制に対してはとくに慎重な議論を必要とするのか。その説明はさまざまな角度から試みられてきた。ここでは多くの学者が論じてきたことを、ここまで見てきたエピソードを思い返しながら、整理していきたい。

(1) 個人の人格と生存を支えるものとして

精神的自由

「表現の自由」を取り囲む地図を確認しておこう。憲法で保障されている国民の権利を、とくに重要で基本的なものという意味で「基本的人権」と呼ぶ。「基本的人権を保障する」とは、憲法が一方では国家に「それらの権利を国家の任務として守りなさい」と命じ、もう一方では国民に対して「あなたにはこのような権利が保障されています」と言っている、ということである。こうした「基本的人権」の中に「精神的自由」と呼ばれる権利のグループがある。人間がさまざまな価値観に基づいてさまざまな考えを持っていることを認め、それを表現していくことを「各人の自由だ」とする権利群である。「表現の自由」はこの中で中心的な位置を占めている。

国家に対して「これをやってはいけない」と枠をはめたり「これは国の仕事（国務）です」と命じているのが憲法である。それは、氾濫しやすい川に護岸工事をして、エネルギーの流れを方向づける役割と言ってもいい。精神的自由の保障は、それぞれの個人が自分で考え判断していく主体であること（自律）を尊重するために、国家が踏み込むべきではない事柄を定めている。

人間個人の人格を支えるもの

ある人が、自分らしい「生」を生きている「主体」であるためには、自律した判断力をもって社会に流通するさまざまな情報を受け止め、その情報をもとに自分の考えを形成し、それを表現し、自分の生き方についてさまざまな自己決定を行っていくことが必要である。しかし、その自律も、他者との関わりの中で培われていくものである。

人は、他者との関わりの中で自己の人格を形成する。たとえば、他者との違いを知ることによって自己の個性や主体性を確認し、また他者との共通点を知ることによって孤独から救われたり希望を感じたりする。そうやって、人は自分の個性や人格を守ったり修正したりしながら、成長を続ける。そのコミュニケーションのあり方として、会話や文章、写真や絵や音楽など、さまざまな「表現」がありうる。「表現」とは、（沈黙という表現のあり方も含めて）そのような意味で、人間が人間らしく生きるための対他関係の過程そのものなのである。

人間の精神の発露であるさまざまな思考や表現は、何の役に立つかは後になってみないとわからないものである。役に立つから・立ったからという視点ではなく、それ自体が人間一人ひとりのその人らしい人格を支える精神活動なのだから、という観点で、「表現の自由」が保障される必要がある。

人間の生存を支えるものとして

「表現の自由」は、社会の中に生きる人間の現実的生存のためにも不可欠な権利である。一人では弱く無力な生物である人間は、生まれてまず最初に、他者の世話に頼らなくてはならない。その他者は、多くの場合、家族だろう。その家族に向けて、泣いたり笑ったり身振り手振りを使ったり言葉を覚えたりしながら、お腹が空いたなどの自分のニーズを伝え、生きるすべを掴んでいくのが、人間の生存の第一歩である。

成長して自分の身の回りのことは自分でできるようになっても、人間は生きていくために、社会を作り、分業をし、さまざまな交換によって生活・生存を支えている。この中で一人ひとりが必要なものを身辺に取りそろえ適切に生きていくには、それぞれのニーズや知識・能力を表明すること、自分の望む生存のあり方を脅かす要素について知ることなどが必要となる。

(2) 社会を支えるものとして

民主主義を支えるものとして

民主主義の政治制度とは、議論によって国家の政策などを決めていく仕組みのことである。たいていの国では、国民が直接に議会に集まって議論や表決をするのではなく、選挙で代表者を選んで議会に出席してもらい、自分たちの代わりに議論と表決を行ってもらう。議会には、国政については国会、地方政治については地方議会がある。

そのような民主主義の中で、私たちが選挙で投票したり住民投票を行ったりする場面でなんらかの選択をするときには、十分な情報を得ることや、他者と政治的問題について自由に話し合うことが必要である。「表現の自由」の保障は、この意味で、民主主義の社会を支える不可欠の前提条件として、大切なものなのである。

そしてこの選択や情報交換や意見交換は、そこに参加する人々がそれぞれに他者から精神的に自立し、さらに自律的に考え判断できることを前提として成り立っている。一人ひとりがそのような意味での精神的自由を発揮できないことには、民主主義の制度を保障しても、誰かが示した結論を追認するか忖度（そんたく）するばかりで、民主主義にはたどり着かないからである。したがって、「表現の自由」は一人ひとりの精神的自由として重要だということと、「表現の自由」は社会を支えるために必要だということとは、切り離せない循環関係にある。

共存社会を支えるものとして

先に話題にしたゴヤの絵のうち、宮廷貴族の依頼を受けた肖像画ではなく、窮乏した生活を送り戦争の被害を受ける庶民の様子を描いた数々の絵は、今ならば報道写真が担う役割を果たすものでありえただろう。

人間は、窮乏に陥ったり被害を受けたりして、救済を必要とするときがある。そのときに、それを一般社会に知らせる手立てがなかったら、その人は素通りされてしまうだろう。窮状に陥った人、救助や支援を必要とする人がいることを社会に知らせることは、「表現」の中でももっとも重要で基本的な事柄である。

災害時など、さまざまなライフライン（生命線となるインフラ）が壊れたときには、生存のために必要な情報共有がとくに強く認識される。しかし実は、これは、通常の日常生活の中で常に必要なものである。情報流通の自由や知る権利は、現在のような高度分業社会では、そこに実在する人間たちが生存するために必要なインフラ（公共財）として、その確保を意識する必要がある。

また、異なる立場や価値観や文化を持つ人々が集まって生活する社会では、紛争や暴力が起きないように、相互理解や問題解決のためのコミュニケーションが開かれていることが必要である。問題の共有や説得・交渉による解決の道がないとなったとき、人は自暴自棄に陥りやすくなり、暴力に訴える可能性も高くなる。「共存」という視角から見ても、「表現の自由」は私たちの生命・生存を支えるために公共的意味を担っていると言える。

道路あるいは血管のようなものとして

しかし表現には、質の高いものも、緩いものもある。報道や声明のように公共に向けて発せられる表現もあれば、個人的な趣味を共有して楽しみたいという私的な表現もある。

そのようなさまざまな表現(物)について、「ゴヤの絵には価値があるがコミック雑誌に載っている漫画にはそんな価値はないだろう」といった考え方を、「表現の自由」はとっていない。

ここでは、ある本や映画などの表現(物)にどのくらい意味や価値があるか、という視点ではなく、価値があるかもしれないもの・ないかもしれないものを取り混ぜて、それらが流通する《自由な表現のあり方》が確保されていることに意味と価値があるのである。「表現の自由」はこの意味では、個々の表現(物)のことではなく、表現を流通させる道路あるいは血流を支える血管のようなものである。個々の表現(物)には公共性の高いものも、私的な趣味の共有と言うべきものもあるが、それらを支える「表現の自由」というルール自体は公的なものであり、第2章以下で見るさまざまな調整ルールの上にある原則ルールなのである。

つまり、「表現の自由」を保障する、ということは、その自由の恩恵を受ける個々の表現は玉石混交であって当たり前なのである。その価値（または無価値）を国家ではなく私たち市民が自分たちで見分けていくことが「自由」なのであり、この発想が「思想の自由市場」という考え方の中に生かされている。

（3）弱さを抱えたものとして

「表現の自由」は、先に見たような価値に加えて、それがとくにデリケートな弱いものであるため、《取扱い注意》が必要だ、という性格も持っている。もしも何かの表現をしたり集会に参加したりしたことで、刑罰を受ける・多額の金銭を支払う・就職できないといった不利益があったとしたらどうだろう。人々はそのような不利益を被ってまで表現をしようとはしなくなり、自由な表現の空間は衰退してしまう。この傾向を「萎縮」と呼ぶ。国家は「表現の自由」のこの弱さ、デリケートさを考慮して、萎縮効果を生むような表現規制をしてはならない、と考えられている。

近年では、「共謀罪」と呼ばれる規定（正確には「組織的犯罪処罰法」の改正によって新設された「テロ等準備罪」）、東京都の「迷惑防止条例」のデモ活動に関わる規制の部分や著作権法の

「違法ダウンロードへの刑事罰」の部分が表現者に対して萎縮効果をもたらすのではないか、といった議論があった。市民の議論の中で、「萎縮」の防止という視点が定着してきていることが見て取れるが、法の制定者がこれを十分に意識しているだろうか……。

3 日本国憲法21条「表現の自由」

(1)「一切の表現の自由」

日本国憲法21条の1項では、「一切の表現」に対して「表現の自由」を保障すると書かれているので、原則としてすべての表現に保障が及ぶ。条文に明記されている集会、結社(団体を作ること)、言論(演説など)、出版(新聞や図書の発行)は歴史的に妨害されやすかった表現ジャンルを例示したものである。それ以外にも絵画、写真、インターネットへの投稿、映画、演劇、音楽などあらゆる形態の表現について、その自由が保障される。メディアの自由も保障される。

「自由」を保障する、というときの基本的な意味は、人が自発的に行っている表現に対して、国家が妨害、強制、内容操作などの介入をしてはならない、ということである。「〜の自由」はこのように、国家に向かって「〜しないでください」（No!）と言える、ということを意味している。こうした「自由」保障がある一方で、情報公開や個人情報保護のように、国民・住民が国家に対して「仕事をしてください」（Do!）と求める場面もある。これは第3章（民主主義と「表現の自由」）で扱う。

「表現の自由」の場合には、これに加えて、これまでに見てきたような価値と、その弱さからくる《取扱い注意》の考え方がある。そのために、「表現の自由」を規制する場合にはとくにその理由（どうしても必要かどうか）を厳密に問い、規制手段の必要性（その目的のためにその規制が本当に必要なのか）も厳密にチェックする、という考え方が取られる（他の権利よりも強い保障を受けるべきだという意味で、「優越的権利」とも言われる）。

「表現の自由」の保障を受けるというのは、他の権利とのバランスをとる必要が出てきたときに、絶対的に「表現の自由」が優先するという意味ではなく、「表現の自由」特有の厳しい理論に照らして規制の目的の正しさや必要性などを検討する、という意味である。少なくとも、次に見る「公共の福祉」とのバランスを考えるときに、規制が本当に必要かどうかについて踏み込んだ議論をすることが必要で、その中身に踏み込まずに「公共の福祉のためだから」という大ざっぱな理由で規制を正当化することはできない（ただし裁判例を見ると、「わいせつ表現」

や「有害表現」の場合にはそのように厳密に理論立てて検討する必要はないと考えているようである）。

（2）公共の福祉

権利の保障にはそれぞれ一定の限界がある。憲法12条、13条には、権利を「濫用してはならない」こと、国民は権利を「公共の福祉のために」利用する責任があること、国民の権利は「公共の福祉に反しない限り」「最大の尊重を必要とする」ことが書かれている。この2つの条文は憲法上の権利の全体に及ぶので、「表現の自由」にも、このルールが及ぶ。ただし、その場合にも、「表現の自由」への調整や規制については、その必要性や根拠について、とくに厳密な検討を必要とする。また規制が憲法違反ではないかと裁判で問われたときには、裁判所はその規制を簡単に合憲としてはならず、厳格な姿勢でその必要性を問わなくてはならない。

「公共の福祉」は、自分の権利を通すことが他者の権利と衝突したり、他者の権利を侵害することがあることを考え、その場合に国家が裁判によって調整したり法律によって規制したりすることがある、という考え方を表したものである。ここで「侵害」とは、他人の権利に踏み込み、損害を与えることをいう。

「表現の自由」に対する制限は、このような正当な理由・目的に基づくものでなければならず、表現内容に踏み込んで規制するとすれば、とくに強い必要性のある事柄に限られる。また、その条文の言葉は十分に絞り込まれた明確なものでなくてはならない。たとえば社会的弱者を追い詰めるヘイトスピーチを規制対象とした法律が、国政担当者に向けて政治的主張を行いたい人々のデモ活動など、憲法が本来保障している言論を抑えこむために使われることがあってはならない。

そして「最大限の尊重」という考え方からすれば、規制が必要と認められる場合でも、その規制方法は必要最小限度のものでなくてはならない。小説がプライバシー侵害をひき起こすことがあるからといって、トラブルを防ぐために小説という表現方法を禁止する法律が制定されたりすれば憲法違反となるだろう。また、インターネット上のトラブルを防止するために、インターネットという表現手段を閉鎖する法律が制定されることがあれば、これも間違いなく憲法違反となるだろう。

ルールが本来の「自由」を塞(ふさ)いでしまうことのないよう、常にルールのほうを「本当に必要なルールだろうか」、「自由を縛りすぎるルールになっていないだろうか」と疑問視する姿勢が必要で、憲法上の「表現の自由」はその思考方法を提供するルールなのである。

(3)「検閲の禁止」

裁判では狭く解釈

「表現の自由」保障の基本的な意味は、ここまで見てきたように、公権力(国家や自治体)が法律や行政を通じて国民の自由に介入してはいけない、そういうことに対しては国民のほうが

「No.!」と言える、ということである。「検閲」は、その中でも最も深刻な介入だったため、憲法21条2項でとくにその禁止が明記されている。

表現物の内容をその公表に先だって公権力（国や自治体）が閲覧し、公表の可否を審査することを「検閲」という。日本国憲法は、とくに戦前の日本が行ってきた言論弾圧が市民社会の自由な発展を妨げたことを反省し、「検閲」を絶対的に禁止している。

ここでいう「検閲」とは、公権力によって行われるもののことなので、テレビ・ラジオ等の放送業界が共有している自主ルール（2008年までの「放送問題用語」など）や、映画産業における「映画倫理委員会」、ゲーム業界の自主管理などといった、各業界が自発的に団体を作って行う事前チェックは、憲法21条2項の「検閲」に含まれない。

では、表現物への税関検査や教科書検定は、憲法が禁じる「検閲」に当たるだろうか。

最高裁は税関検査については、「検閲」を《行政権が主体であること、思想統制であること、網羅的・一般的な禁止であること、事前規制（発表前の審査、禁止）であること》とした上で、税関検査はこれには当たらないとしている（最高裁1984（昭和59）年12月12日判決）。教科書検定については、一般の書籍として出版することについての可否を審査するわけではないので検閲には当たらないとしている（家永訴訟、最高裁1997（平成9）年8月29日判決）。しかし「検閲」の定義を狭く限定しすぎて、検閲の禁止について、本来の趣旨を生かしきれていないのではないかとの疑問が残る。

事前抑制の原則禁止

ある制度が今見たような「検閲」そのものには当たらないとしても、「検閲」を禁止している憲法21条の趣旨からは、表現内容の良し悪しは市民の判断に委ねられるべきもので、いったん社会に出した後で被害を受けた者が訴え出るのが原則である。表現が社会に出る前にそれを止めることは、よほど切迫した必要性のある例外的な場合でなければ認められない。最高裁は「北方ジャーナル事件」（本書第2章の「名誉毀損」の項目を参照）で、名誉毀損に当たる出版物の事前差止めの仮処分は事前抑制に当たるため、原則として許されないが、その内容が公表されることによって重大で回復不能な被害が生じるおそれがある場合に限り例外として認めるとした（最高裁1986（昭和61）年6月11日判決）。

このような原則がある中で、ヘイトスピーチは、その「よほどの必要性」に当たるとの認識が進んできたため、その規制のあり方に関する議論が続いている。

事後的規制や支援の場面では

これに対し、刑法による規制のように表現物が社会に公表された後で事後的に規制することは「検閲」に当たるとは考えられていない。しかし先に見た「萎縮」の観点から見ると、表現活動に対する規制や裁判の判決が表現の送り手に対して沈黙を強いる効果を発揮しているという問題が、事実の問題としてはある。このことを考えるなら、事後的規制であってもその内容に踏み込む規制については、国家は最高度の自制を求められると言うべきだろう。

検閲禁止の趣旨を考える必要は、表現者が国家や自治体から支援を受ける場面（美術館で自己の作品を展示してもらう、芸術助成を受けるなど）にも当てはまる。「この種のテーマは会場の使用許可を受けにくいから避けよう」といった予想や自己検閲が心の中で働くことが、芸術家からしばしば指摘されている。これは現在、芸術家や学芸員・キュレーターにとって大きな関心となっており、議論も活発に行われている（第5章を参照）。

(4) 通信の秘密――プライベートなコミュニケーションの自由

憲法21条2項後段では、「通信の秘密」を保障している。ここでいう「通信」は、封書などの信書、電信・電話、インターネット上の電子メールなどのプライベートなコミュニケーションである。これは「表現の自由」保障の一内容であることはもちろん、個人の生活のプライバシーや「思想良心の自由」や人格形成の自律性を保障する上でも重要な要素である。通信に関わる各種事業者を規制する法律は、この趣旨を受けて、検閲の禁止や秘密の保護を定める規定を置いている（郵便法、信書便法、電気通信事業法、有線電気通信法、電波法など）。

通信者の同意なく、密かに会話を聴取することを「盗聴」というが、これは「通信の秘密」の侵害となる。犯罪捜査における警察官による盗聴はこの原則の特殊な例外だが、強い必要性・緊急性が認められる場合に限られる（通信傍受法：2000年施行、改正通信傍受法：2016年施行）。2017年には国際組織犯罪防止条約締結のためとの理由で「テロ等準備罪」の新設を柱とする「組織的犯罪処罰法改正」が行われた（メディア上では一般に「共謀罪規定」と呼ばれている）。これは憲法上の「通信の秘密」の原則と例外を逆転させる内容となっていないか、犯罪捜査活動が表現の自由（とくに集会・結社の自由）を萎縮させることにならないかなど、多くの専門家から疑問が出されている。その運用については今後も見守っていく必要がある。

さらに最近では、インターネット上の漫画の海賊版サイトによって損害を受けている企業が、著作権保護のためにユーザーのアクセスの遮断に踏み切った。しかし、これが必然的に個々のユーザーの通信内容を調査することにつながるため、「通信の秘密」を定めた憲法と衝突することになる。憲法の趣旨を汲みつつ著作権保護を実現する道が模索されている。

Case 戦前の「治安維持法」と「横浜事件」

最高裁2008（平成20）年3月14日判決

日本の歴史の中で、国家が一般市民の表現活動を妨害した例としては、女性の政治集会・政治結社参加を禁止した1890年の「集会及政社法」、戦時中の報道機関への統制や、一定の思想内容とその表現を危険視し刑事犯罪として扱った「治安維持法」などがある。

その中でも「横浜事件」と呼ばれる事件に巻き込まれて有罪判決を受けた人々の事例は、21世紀まで裁判が続いた。これは第二次世界大戦中、当時の国際情勢に関する論文を雑誌『改造』に掲載した文筆家と出版関係者が治安維持法違反の疑いで大量に逮捕され、終戦直後に有罪判決を受けたというものである。

治安維持法は、今では、第二次世界大戦終了に先立って、日本政府が「ポツダム宣言」を受諾した時に失効したと考えられている。民主主義と国民主権（憲法前文および1条）、思想・良心の自由（憲法19条）、表現の自由、法の適正手続（憲法31条）を定めている現在の日本国憲法のもとでは、治安維持法は明らかに憲法違反となる内容である。日本国憲法の基本方針となる考え方は、憲法制定に先立ってポツダム宣言に記されていたので、日本がこれを受諾したということは、治安維持法とは相容れない新しい法体系を選択したと考えられるのである。

終戦直後、日本政府は治安維持法をそのまま維持しようとしていた。そのために、連合国軍総司令部（ＧＨＱ）が日本国憲法制定に先立って「自由の指令」という命令を発して、この法律を強制的に廃止した。しかしこの法律が廃止される前にこの法律に基づいて有罪判決を受けた人々がいたため、その後、裁判に訴えて国に名誉回復を求めたのである。事件の当事者たちはその後、恩赦によって解放されている。しかし有罪判決を受けた犯罪歴からの名誉回復を求めて裁判を起こし、この当事者たちが高齢のため死亡したあとも遺族が再審請求を続けていた。

裁判所は、当時出された有罪判決は、すでに失効した法律に基づいて誤って行われた裁判だったとの理由で、裁判そのものを取り消す「免訴」の判決を出している。

第2章　一人ひとりの人格権と「表現の自由」

人は最初から完全な《自分らしさ》を備えて生まれてくるわけではない。他者との関わり合いの中で少しずつ、不完全で暫定的で非完結な自分らしさ、つまり人格を積み重ね、その時々の精一杯の主体として、ものごとを自分なりに受け取り咀嚼(そしゃく)し判断し、何かを決めたり発言したりしながら生きていく。そうした自律性もまた、他者とのコミュニケーションの中で育ち、鍛えられていく。

人は一人ひとり違うのだから、そんな中で摩擦や衝突も必ず起きる。表現にまつわるトラブルは、多くの場合、表現者自身も望んでいない。むしろどのような表現が他者の権利を侵害することになるのかを一人ひとりが知ることによって、無用の衝突を防ぐことができる。つまり、法があることによって、表現活動がしやすくなる場面が多々あるのである。

ただし、ルールはあくまでも人のためにあるもので、人がルールのためにあるものではない。ルールのほうを「本当に必要なルールだろうか」と問う視点も常に必要である。

このような両方の視点から、名誉毀損やプライバシー権、肖像権など、「人格権」と呼ばれるタイプの権利と「表現の自由」の関係を考える。

1

「表現の自由」と人格権

「表現の自由」はその重要性と弱さから見て、最大限にその自由を保障されるべき権利である。しかしそれでも、その自由には限界がある。表現活動が他者の権利を侵害したり圧迫したりする場合には、その表現に制約がかかる（憲法13条「公共の福祉」）。

「表現の自由」への制約については、「表現の自由」という広い海があり、他者の権利の島がいくつもある、というイメージでとらえてほしい。他者の権利の島にぶつからない限り、原則は「自由」であり、この島を総合的に表す言葉として、「公共の福祉」という言葉が使われる。

「表現の自由」と衝突する「他者の権利」を整理すると、人格権と呼ばれる権利のグループ（本章で扱う）と、著作権など経済に関わる権利のグループ（第4章で扱う）に大きく分けられる。

人格権とは、法的に保護される生活利益のうち、個人の人格と切り離すことのできないものをいう。その範囲は、人権の尊重という理念の高まりにつれて、しだいに広げられてきている。

人格権は、経済的利益と異なり、主に生命・身体・健康・自由・名誉・プライバシーなどの人格的属性に関わる利益を内容とする権利、また、そうした人格の自由な発展のために保護されるさまざまな利益を内容としている。明文にはないが憲法13条の「幸福追求権」の内容として認められる権利と考えられている。

2 名誉毀損

(1) 刑法上の名誉毀損

刑法230条　1項　公然と事実を摘示し、人の名誉を毀損した者は、その事実の有無にかかわらず、三年以下の懲役若しくは禁錮又は五十万円以下の罰金に処する。(2項省略)

刑法230条の2　1項　前条第一項の行為が公共の利害に関する事実に係り、かつ、その目的が専ら公益を図ることにあったと認める場合には、事実の真否を判断し、真実であることの証明があったときは、これを罰しない。

「公然」、「事実」、「名誉」

私たち各人は、自分の名誉を守る人格的権利を持っている。ここで言う名誉とは、本人の主観的な自己評価ではなく、社会に認められている評価や社会的信用である。たとえば傑作を作曲したと主観的に確信している音楽家が「駄作」との批評を受けたとしても、表現者の側の論評の自由が優先し、名誉毀損とはならないが、「あの作曲家は受賞歴を詐称している」または「あの作品は他の作曲家の作品の剽窃(ひょうせつ)だ」といったコメントは、当人の社会的信用を下げる事実情報になり、名誉毀損となる可能性がでてくる。

刑法230条では、相手の社会的信用を低下させる事実情報を「公然と」表現したとき、名誉毀損が成立する。たとえば、ある話をネット上の公開の場に投稿すれば、「公然と」表現したことになる。そしてこの場合、その情報が本当の話だったとしても虚言だったとしても、名誉毀損罪が成立する。

「公共の利害に関する」場合の「真実証明」

ただし、その内容が「公共の利害に関する事実」である場合には、それが社会の利益のための公表であり、公表された内容が「真実であった」場合にかぎり、名誉毀損は成立しないことが、刑法230条の2に定められている。

いわゆる疑惑報道が「名誉毀損」に問われた場合には、厳密な真実証明までいかなくても、

「その事実を真実と信じるにつき相当の理由があったこと」の証明が求められる。

（2）民法上の名誉毀損

> **民法709条**　故意又は過失によって他人の権利又は法律上保護される利益を侵害した者は、これによって生じた損害を賠償する責任を負う。

不法行為

民法709条は、「不法行為」について定めている。故意に（わざと）、または過失（不注意）によって、他人の権利を侵害した場合には、その損害を賠償する責任を負う、という規定である。また本来は金銭に換算しにくい精神的損害も、同じく金銭による賠償責任とすることが民法710条に定められている。名誉毀損は民法上この「不法行為」とみなされ、この両条文が適用されることとなる。民法上の名誉毀損が成立するかどうかを判断するさいには先に見た刑法230条が参照される。

さらに民法723条では、「名誉毀損」に関して、裁判所が「名誉を回復するのに適当な処分」を命じる場合があることを定めている。この処分のあり方として、出版物の差止めもありうる。また、新聞・雑誌の紙面に名誉毀損に関する「謝罪広告」が載ることがあるが、これらの措置は、この条文によって、裁判所が命じていることが多い。

「公共の利害に関する」場合の「真実証明」

ところで民法には、刑法230条の2のように名誉毀損が成立しない場合の特別規定がない。しかし、これについては刑法の規定の趣旨を民法にも生かす道がとられ、刑法230条の2に当たるような公共的な情報の公表であれば、民法上の責任も発生しない、と考えられている。そうした情報の公表が、多額の賠償金を支払うことと引き換えにはじめて可能になる、というのでは、憲法21条の「表現の自由」の趣旨が生かされない結果になるからである。

Case テレビ朝日ダイオキシン報道事件

最高裁2003（平成15）年10月16日判決

ある地域の農作物に有害物質汚染の被害が生じているという報道が、当該地域の農作物への風評被害を招いた。このことが名誉毀損に当たるかどうかが問われた。報道内容の公共性から、裁判の争点は、報道内容が真実と言えるかどうかだった。最高裁は「真実性」の根拠が不十分として、報道内容が農家に対する名誉毀損と当たるとした。

Case 長崎教師批判ビラ事件

最高裁1989（平成元）年12月21日判決

成績通知表を児童に交付しなかった教員に対して、実名とともに「お粗末教育」「有害無能」等と記載したビラを作成・配布した者について、最高裁は「公共の利害に関する事項について自由に批判、論評を行うこと」は「表現の自由の行使として尊重され」る、として、名誉毀損の成立を認めなかった。

Case 北方ジャーナル事件

最高裁1986（昭和61）年6月11日判決

名誉毀損にあたる表現は、民事裁判の場合、いったん出版されてから裁判になることが原則だが、出版前に差止めの仮処分が行われることもありうる。このことが「検閲」または「事前抑制」にあたらないかが争われた。判決では、①事前抑制は「表現の自由」に対する強度の規制なので原則として許されないが②例外的に表現内容が真実ではない場合や、被害者が重大で回復不能な被害を受けるおそれがある場合には認められるとした。

3 プライバシーの権利

（1）プライバシー権の確立

日本で「表現の自由」を「プライバシーの権利」によって制約することは、民事の裁判に限られている。「プライバシー」という言葉の広さと多義性から考えると、この言葉で刑事罰の規定を設けることは、《何をしたら犯罪に当たるのか》が国民にとってあらかじめ明確になっていなければならないという「罪刑法定主義」の原則に反し、望ましくない。ただし住居侵入罪と住居のプライバシー、信書開封罪と私的コミュニケーションにおけるプライバシーというふうに、刑法の犯罪規定が個別具体的な場面に応じてプライバシー保護の意味合いをもっている場合はある。

以下は、すべて民事裁判の事例である。裁判の流れに沿って、プライバシー権の確立と理論の進展を見ていこう。

Case 「宴のあと」事件

東京地裁1964（昭和39）年9月28日判決

「プライバシー権」が裁判上最初に主張され、確立したケースとして有名な事例である。ここでは、三島由紀夫による小説「宴のあと」の中でモデルとして描かれた有名政治家が、自分の私的な交友関係について小説中で公表されたことにつきプライバシー侵害が認められ、作家と出版社が損害賠償の支払いを命じられた。裁判所はここで、プライバシー権を「私生活をみだりに公開されないという法的保障ないし権利」と定義した。

この判決では「人格権」という言葉はまだ明確に述べられていないが、その後の裁判や学説の中で、プライバシー権は「人格権」の重要な要素として位置づけられていく。

Case 「エロス＋虐殺」事件

東京高裁1970（昭和45）年4月13日決定

映画中の登場人物のモデルとなった人物が、自己の犯罪歴と恋愛事情について描かれた部分につきプライバシー権侵害を訴えたが、これらの事実的内容はすでに本人が自伝の形で公表していたため、映画の上映が当人の「公開を欲しない私事を暴露」することには当たらない、として、上映の差止めも損害賠償も認められなかった。

つまり、プライバシーの権利は、秘匿してきた何らかの事実を他人によって開示されない権利なので、その事実概要が本人によって公表されている場合には、他人による描き方に本人の意に沿わないところがあっても、プライバシー侵害にはならない、ということになる。

Case 小説「逆転」事件

最高裁1994（平成6）年2月8日判決

伊佐千尋著『逆転――アメリカ支配下・沖縄の陪審裁判』は、作者自身が陪審員の一人として参加した裁判について描いた作品である。この作品の中で、傷害罪で有罪判決を受けたことを了解なく実名で描かれた人物が、作品がテレビドラマ化されるさいに自己の実名を使用しないように働きかけたことで多大な労力を費やしたとして、小説の著者に対し、プライバシー侵害による精神的苦痛について慰謝料の支払いを求めた。判決は、モデルとされた人物はその前科に関わる事実を公表されないことにつき法的保護に値する利益を有しており、作家がその実名を無断で使用したことまでは正当化できないので、作家側は不法行為責任を免れない、とした。

Case 「石に泳ぐ魚」事件

最高裁2002（平成14）年9月24日判決

この事件は、小説作品中でモデルとされた女性が、自らの顔の傷痕とともに出自や家族の逮捕歴などのプライバシー情報を無断で描かれたことによって精神的損害を被ったケースである。最高裁は、公的立場にない女性の名誉、プライバシーが侵害され、単行本の出版により重大で回復困難な損害を被らせるおそれがあるとして、単行本化の差止めを命じた。

顔の傷や大学名などの情報はそれ自体では「プライバシー情報」とは言えないが、それらの個人情報を組み合わせると個人特定性が高まり、本人が秘匿してきた事柄までが周囲に知られてしまう可能性が高まる。また、不特定多数の者が見る媒体に公表することは、それらの特徴において当人を注視させる効果を持ってしまう点で、総合的に見て「プライバシー権の侵害」とされた。

この考え方からすると、友人としてのプライベートな打ち明け話を聞いた者がこのことを本人に無断でSNS上で公開投稿した場合、プライバシー侵害となるだろう。

Case 長良川事件

最高裁2003（平成15）年3月14日判決

18歳当時に犯したとされる殺人事件の刑事被告人が、雑誌『週刊文春』上で実名と類似する仮名を記載された。これにつき最高裁は、問題の記事は少年法61条（推知報道の禁止）に反しない、とした。ここでは当人がすでに成人しているため、少年の成長発達権利ではなく、名誉毀損・プライバシーだけが判断の対象とされた。

（2）プライバシー情報と個人情報、センシティブ情報

プライバシー情報と個人情報

プライバシー権は、人格権の中の重要な内容として憲法13条の幸福追求権に位置付けられてきた。これは、各人が自己の情報について他者から不当に調査されたり、開示するつもりのない事柄を無断で開示・公表されることを拒否できる権利である。

「個人情報」は、個人各人を特定したり生活状況を確認したりするさまざまな情報のことで、個人の氏名、住所、電話番号、戸籍（結婚離婚歴）、家族構成、銀行口座情報、納税額や資産状況、勤務先や所属団体、病歴などが含まれる。「個人情報」のすべてが「プライバシー」と

なるわけではないが、重なる部分は多い。これらの情報を業務上、集積し管理している個人情報取扱事業者（国の行政機関や自治体、また学校・病院・金融機関・通信サービス関連企業など）は、それらの情報を目的外に使用したり本人の同意なく開示・流出させたりしないように保護することが、法律によって義務づけられている（「個人情報の保護に関する法律」、「行政機関の保有する個人情報の保護に関する法律」など）。２０１５年からはマイナンバー法（「行政手続における特定の個人を識別するための番号の利用等に関する法律」）が施行され、２０１６年からマイナンバーの運用が開始された。これによって行政による個人の把握が一体化される方向となったが、その分、行政は十全な管理体制を整え、管理責任を引き受ける必要がある。

センシティブ情報

個人情報の中でもとくに取扱いに配慮が求められるタイプの情報を一般に「センシティブ情報」と呼ぶ。法律では「要配慮個人情報」（個人情報保護法）、「機微（センシティブ）情報」（金融分野ガイドライン）といった呼び方がされている。

個人情報保護法では、「要配慮個人情報」を、「人種」、「信条」、「社会的身分」、「病歴」、「犯罪の経歴」、「犯罪により害を被った事実」、「身体障害、知的障害、精神障害等」「医師等の健康診断等の結果」、「医師等による指導・診療・調剤」、「刑事事件に関する手続」、「少年の保護事件に関する手続」としている（2条3項）。

出自・国籍に関わる情報

2018年7月9日、仙台地裁はヤフーに対し、ヤフーが運営する匿名掲示板サイトに掲載されたある投稿を削除し、慰謝料の支払いを命じる判決を下した。投稿は、「○○、通名××こと、在日朝鮮人△△君を本社に呼び戻そう！」という内容で、原告男性の実名、職歴とともに、男性が在日朝鮮人であるとの虚偽の記載を内容としていた。ヤフー側は、この呼びかけの内容は名誉毀損には当たらないと主張した。これに対して判決は、本件投稿の問題は名誉毀損ではなく、「氏名及び出自・国籍を第三者に正しく認識してもらう人格的利益」の問題で、投稿は氏名等についてこの利益を侵害したため、削除されるべきであるとした。

この投稿者がこの言葉を、原告を励ます意図で書いたか貶（おとし）める意図で書いたかは確認できないが、情報の受け手が差別的な偏見を持つ者だった場合には、この情報は本人を貶める情報として独り歩きする可能性がある。一方、受け手は本来であればそうした差別感覚のほうを不見識と考える良識を持つことが期待されている。その前提からすると、在日朝鮮人であるという事実は社会的信用を低めるような事実ではないので、この投稿は名誉毀損とは言えない。また、この情報は本人が秘匿している自己情報には当たらないのでプライバシー侵害とも言えない。しかし、この投稿によって本人が不利益を受けることをおそれ、精神的苦痛を感じた点について、権利侵害はあると言える。そうしたセンシティブな事柄は多岐に及ぶ。

一方で、こうした微妙な事例では、法律の専門家ではないサイト運営者側が自力で法的判断をすることは難しいだろう。このような事例で、裁判で後から削除命令だけでなく損害賠償の支払いも命じられるとなると、サイト運営者にとっては困惑する部分もあるだろう。しかし、サイト運営者（プラットフォーム事業者）もこの種の嫌がらせやヘイトスピーチの拡散・蔓延（まんえん）を防ぐことについて社会的責任を共有しているのだ、ということを示すきっかけとして、注目すべき事例と言える。

翻って、「石に泳ぐ魚」という作品は、そのような日本社会の生きにくさを描こうとして、結果的にモデルに対し、精神的苦痛を与えた事例である。たとえば深刻な差別や偏見があるような地域社会で、モデルの意に反して「社会の改善という公共の利益のためにさらなる不利益や心理的不安を甘受してください」という資格は、作家にも国家にもない。しかしプライバシー侵害の問題の背後には、社会の中に残存する差別や偏見の問題が存在することが少なくない。社会から不利益を受けることを避けたいという個人の現実的ニーズをプライバシー権やその他の人格権によって守ることは、当面の現実的救済としては必要である。しかし一方で、社会の側が、法的解決では完結しない事柄として《偏見の克服》を自分たちの課題として理解することも必要である。

Case カミングアウトとアウティング

◆カミングアウト

皮膚の色などの身体的特徴と異なり、宗教やライフスタイルといった個性は、表出せずにいることもできる。とくにその個性が社会文化の中で不利な扱いを受けるものであるときには、隠しておきたいと思う人がいる。その一方で、敢えて自己のアイデンティティの表明を行う人々もいる。隠してきた自分の個性や事実情報を公言することを「カミングアウト」と言うが、これは社会背景と自己決定が深く関係しているという意味で、当人の人格的生と深く関係する事柄である。

カミングアウト自体を制約する法律はないが、それによって失職や退学、ハラスメントなどの不利益を被ることになるとすれば、この「表現の自由」やその内奥にある人格的自由は、保障されているとは言いがたい。たとえばアメリカでは、軍隊において、同性愛者であることを秘匿しているならばその件を問わずに採用するが、このことを公言した場合には不採用または除隊となる、という策がとられてきた（Don't Ask, Don't Tell policy）。しかしそれは、２０１０年、オバマ政権下で廃止された。

ここでの自由の確保は、実社会の中での「平等」の達成と不可分の関係にある。この事情は、これまでのところ同性愛者の権利の議論の中で展開されてきたが、多文化社会におけるマイノリティ問題全般について共通する問題である。

◆アウティング

一方で、当人が秘匿してきた個人情報（とくに「センシティブ情報」）を、当人の同意なしに他者が暴露することを「アウティング」と言う。これは、本人による自発的な情報開示であるカミングアウトとは異なるものである。カミングアウトは、当人にとって重大な自己決定を含む自己表現となる。しかし、当人がこの自己決定に至っていないときに何らかの事情でこれを知った他者が情報を広めてしまうと、まずはプライバシー侵害となると考えられるが、それにとどまらず当人を深刻に追い詰める場合がある。職業倫理上の秘匿義務を負っていない一般人（友人など）がこの種のアウティングを行ったときに法的責任（民法における不法行為責任）が発生するかは、現在議論されている問題だが、少なくとも社会倫理上の重さについて理解を共有する必要がある。2015年8月に法科大学院生が学内で転落死した事件に関わって、アウティングの法的責任が議論されることとなったが、裁判では、この部分は和解に至っている。

（3）救済の方法——損害賠償と差止め・削除命令

先に見た事例でプライバシー侵害が認められた事例のうち、「石に泳ぐ魚」事件以外は、公表（出版や映画上映）の差止めまでは認められず、損害賠償だけが認められている。「表現の自由」の意義に照らすと、「差止め」はもっとも重く否定的な手段となるため、作品自体は差し止めずに流通を許し、そのことによる精神的苦痛に対して金銭で賠償をする、という考え方がとられている。

しかし例外的に差止めまで認められる場合があることを明確にしたのが、先に見た「石に泳ぐ魚」事件だった。この判決で最高裁は、「人格的価値を侵害された者は、人格権に基づき、加害者に対し、現に行われている侵害行為を排除し、又は将来生ずべき侵害を予防するため、侵害行為の差止めを求めることができる」とした。実際には、問題となった記述を削除した改訂版の出版は可能だが、問題となった記述を含むオリジナル版は出版差止め対象となることが確認された。

また、名誉毀損ともプライバシー侵害とも異なる事例だが、先に見た虚偽の出自・国籍情報を投稿された事例では、差止めに当たるものとして、削除が命じられている。

裁判所による差止めや削除命令は、①本人に無断で情報が公表された事例で、②被害者が受けている害が現実的なものであり、③差止めや削除をしないと被害者の救済が不可能な場合で、

④差止めや削除を受ける事実情報の公共情報価値が低い場合に限定されるべきだろう。上記2例はそれに該当すると考えられるが、プライバシー侵害その他の人格権侵害を根拠にした表現物の差止め（強制的削除）は、安易な表現抑制へと広がらないよう、理論的な歯止めをかけておく必要がある。

4 肖像権

（1）肖像権の内容

本人の意に反したら侵害

写真表現や似顔絵は「肖像権」と衝突することがある。

「肖像」は、広く私生活や自己情報に関わっていることが多い。テレビ番組などで、インタビューに答えている人や背景に写り込んだ通行人の顔にぼかしが入っていることがあるが、これは肖像権に配慮しているためである。

肖像権とは、意に反してその容ぼうなどを撮影・描画・公表・利用されない権利のことをいう。この内容は次の３つに整理できる。

①自己の肖像の作成（写真撮影や描画）に関して、イエス・ノーを言える権利
②作成された肖像（写真や肖像画）の公表に関して、イエス・ノーを言える権利
③作成された肖像（写真や肖像画）の営利目的利用に関して、イエス・ノーを言える権利

このうちのどれについても、「本人の意に反して」というところにポイントがある。撮影者（表現者）の側からすれば、写真撮影や描画やその公表をする場合には、被写体本人の許諾を取らなくてはならない。事前に許諾が取れていれば問題はないが、もしも本人の承諾を取らず（意に反して）撮影や公表をした場合には、被写体本人が事後的に止めさせることができる。

このうち①については、意に反する撮影の対象となった人は、この撮影行為を拒否することができる。②の「公表」とは、雑誌や公開ホームページなど、不特定多数の人が見るメディアへの掲載のことをいう。「撮影」と「公表」とは別々の行為であり、肖像権は、そのそれぞれについて働くので、撮影時には本人の承諾をとって撮影した写真であっても、これを出版物やウェブ上に掲載する（公表する）ときには、それについての承諾が必要となる。③は「パブリシティ権」と呼ばれるもので、後述する。

肖像権もプライバシー権と同じく、裁判の中で生み出された権利で、民事裁判の対象となる。肖像権侵害は一般的には刑法上の犯罪とはならないが、他人の家の敷地内や住居内に無断で立ち入って撮影した場合には、建造物侵入罪などに問われる可能性がある。また、脱衣所など特定の場所での盗撮は軽犯罪法で処罰対象となっている。

18歳未満の被写体を性的に描写する撮影や、これを公表したり売買したりすることは、肖像権の問題ではなく（本人の承諾があったとしても）、「児童ポルノ法」によって処罰の対象となる。

初期の判例

肖像権は、一般に私人（個人）同士の表現ルールとして語られることが多いが、労働組合員が経営者側から写真撮影されることを拒否しようとした人の事例（東京地裁1965〔昭和40〕年3月30日判決）、警察がデモ参加者を写真撮影することを拒否しようとした人の事例（最高裁1969〔昭和44〕年12月24日判決）、など、民主主義の一場面としての《公共空間における自由》に深く関わる権利でもある。

こうした初期の代表的な判例で、「何人も、その承諾なしにみだりに、その容ぼう・姿態を撮影されない自由を有する」ことが、憲法13条（人格権）に基づく「個人の私生活上の自由」として確認されている。

Case アイヌ肖像権裁判――学術書における見識を欠く表現

差別表現には、暴力を誘発して共存関係を破壊するような排撃的な言論がある一方で、表現者の側に十分な理解・見識がなかったために相手を傷つけたり追い詰めたりしていた、という場面もある。本書ではこのタイプの表現を「見識を欠く表現」と呼ぶことにする。「ヘイトスピーチ」と、こうした表現とは、分けて考える必要がある。

日本では、「アイヌ肖像権裁判」が1982年に提起され、1988年に和解に至っている（判例集未収録。本書では現代企画室編集部編『アイヌ肖像権裁判・全記録』〔現代企画室、1988年〕を参照した）。問題となった書籍の表現のうち、次の点が訴えの対象となった。

まず掲載写真が、アイヌの実生活を撮影したものではなく、映画に使用されたものの流用であり、俗説（社会的偏見）として言われるアイヌの身体的特徴をことさらに強調する内容のものであったこと。次に、「滅びゆく民族」といった解説見出しが掲げられている点で、社会の構成員として現に生活している人々の自尊心を傷つけたこと。これらの点が、写真使用については肖像権、写真使用の方法や解説文については名誉毀損に当たるとして、当該書籍の出版差止めが請求された。

ここで問題となった表現は、「見識を欠く表現」が結果的に他者の人格的利益を傷つけた、と言うべきだろう。こうした場面は誰にとっても他人事ではなく、いつなんどき自分が加害者になってしまうかわからないもので、心情を害された人々からの指摘があって初めて気づく事柄も多い。このタイプの表現にまで規制立法をもって臨むことは、規制手段が重くなりすぎること、表現者に対して萎縮効果を発生させることから、憲法21条に反すると考えられる。

この事例は結果的に、原告と被告との和解によって終了している。ここでは、傷ついた側の権利主体意識や対抗言論が働いていると見ることができる。訴訟が提起されて和解に向けた協議が行われたり、この経緯を社会に伝える書籍が出版されたり、被告がたずさわる学術領域においても反省が共有されるという動きがあったからである。このように当事者間での解決が有効な領域では、上からの法規制よりも、表現が公表された後に双方のコミュニケーションによる解決がはかられ、見識が社会に蓄積されていくことが望ましい。

(2) パブリシティ権

芸能人や作家、スポーツ選手といった著名人の肖像や名前には経済的価値がある。テレビや雑誌の広告に顔写真を使ったり、ラジオの広告で「〇〇さんも使っています」と名前を出したりすることで、消費者が商品の魅力を認めてくれる可能性が高まる、という価値である。こうした肖像や名前については、ほとんどの場合、広告主が対価を支払って契約した上で、その肖像や名前を使用する。こうした肖像や名前を、一定の契約を結ぶことで使用を許諾したり、契約外の他人が無断使用することを拒否したりする権利が「パブリシティ権」である。

この権利は今のところ法律に明文規定はなく、裁判の中で生み出されてきた権利であり、憲法13条「幸福追求権」の一内容である「人格権」の内容に含まれる、と考えられている。この権利が法的な「権利」として裁判上確立したことによって、民法上の損害賠償（民法709条、710条）が請求できるようになった。

Case ピンクレディー写真集事件

最高裁2012（平成24）年2月2日判決

過去にメディア上に掲載されていた有名芸能人の写真が、その後に出版されたダイエット本に、体操のポーズの手本として掲載されたことについて、当の芸能人らが権利侵害に基づく損害賠償を求めた。

これについて裁判所は、商業利用の対象となる肖像写真の使用について、商業目的で使用された芸能人の肖像に関する利益を「人格権」として認めたが、本件については権利侵害があったとは認めなかった。

判決は、「人の氏名、肖像等……は、商品の販売等を促進する顧客吸引力を有する場合があり、このような顧客吸引力を排他的に利用する権利（以下「パブリシティ権」という。）は、……上記の人格権に由来する権利の一内容を構成するものということができる」とした。しかしこの事件で問題となった写真利用については、「専ら上告人らの肖像の有する顧客吸引力の利用を目的とするものとはいえ（ない）」と判断し、請求を棄却した。

（3）表現者にとって身近な肖像権問題

肖像権については、著作権と並んで関心が高まっている。ここでは筆者が学生や卒業生から受けた質問に基づいて、身近な肖像権問題を整理してみた。
Q：撮影したいと思う瞬間に許諾を求めるのは難しい。
A：撮影時、事前に承諾をとることができない場合には、事後的にでも本人の承諾がとれればよい。事後的に撮影を拒否された場合には、フィルムやデータの破棄などの対応が必要。公表についても同じだが、無断公表後に拒否された場合には、相手方に差止請求権があるので、ネット上であれば削除、紙媒体であれば出版差止めや回収をしなければならない。相当のリスクがあることは承知しておいたほうがよい。

Q：コンクールに応募したいのだが、被写体になった人物の連絡先がわからない。

A：その写真の内容が、個人特定性のない群衆写真であった場合には、問題はない。しかし、人物が特定できるレベルで写っている場合には、その人物の肖像権があるので、無断で公表はできない。コンクールの応募条件の中に「肖像権に関する権利処理を済ませていること」といった項目があった場合には、応募前にその人物の許可をとらなくてはならない。そうした条件がなく、個展などで自分の責任で作品を公表する場合には、状況から被写体となった人の不利益になることがないことを十分に考慮し、また、事後的に拒否された場合にはそれに応じる義務があることを十分に承知しておこう。

Q：芸能人やスポーツ選手を偶然見かけたとき、手持ちのカメラで撮影してよいか。

A：芸能人やスポーツ選手の肖像は商品価値をもつことが多く、これを管理し利用する権利が本人または所属プロダクションにある（「パブリシティ権」）。また、芸能人の私生活場面を偶然に撮ったという場合には、芸能人本人のプライバシーに属する肖像を無断で撮影したということで、一般人の肖像権と同じ意味での肖像権侵害になる場合がある。

ロケ中や、サイン会会場で芸能人を見かけたとき、「写真撮影はご遠慮ください」と言われたら、パブリシティ権に基づいて撮影が禁止されているのである。芸能人の「撮影会」というのは、法的に言えば、このパブリシティ権をその場でだけ行使しないことにして、参加者に撮影を許可するイベントである。

5 差別表現・ヘイトスピーチと人格権

(1) 差別表現

差別表現とは、人が持っている特性を、その人の価値を低める方向で表現したり、その人々に対して社会が抱いている偏見を助長するような内容を表現することである。「法の下の平等」を目指す社会では、その種の言葉によって傷ついたり社会参加が妨げられたりする人々が存在する事実は、当人の人格権の問題としても社会秩序の問題としても、真剣に考慮すべき問題である。しかし、そのために「表現」を法律で規制することは「表現の自由」の保障と強い緊張関係に立つ。そこで日本では、こうした表現の問題については原則として法律による規制ではなくメディアの倫理（自主規制）に委ねられてきた。

たとえば、偏見の対象となってきた病名を新しい病名に変更したときには、まず公務員や医師そしてメディアが率先して病名の正しい表記を実践するなど、職業上の見識が要請される。「らい」を「ハンセン病」に、「精神分裂病」を「統合失調症」に改めたことの意味や背景を理解して適切な用語を用いる、といった事柄がそれに当たる。しかし、この目的のために一般人の表現を法律で規制することは憲法上もっとも厳格に慎むべき内容規制となり、萎縮効果も高いために、法規制にはなじまないと考えられている。

このような考え方に基づくと、個人が出版・放送などのメディアを介さずに公開の場所やインターネットで直接に発言するときには、社会倫理面の配慮は各人の良識に委ねられる。このとき、本章で見てきた裁判例のように、被害を受けた者が事後的に救済を求めるのが原則である。しかし、近年、個人の表現活動の中に、差別を助長するような個人情報の公表や、個人をあまりにも精神的に追い込む攻撃的な中傷が目立つことから、より早い段階での法規制が必要ではないかという議論も有力になっている。たとえば「いじめ防止対策推進法」の2条1項、同法19条3項では発信者情報の開示について規定されている。4条および19条1項では、インターネットを通じたいじめも防止対策の対象とされ、同法19条3項では発信者情報の開示について規定されている。

（2）ヘイトスピーチ（憎悪表現）

Case 京都朝鮮学校事件

最高裁２０１４（平成26）年12月9日決定（判例集未収録）

京都の学校周辺で起きた組織的なヘイトスピーチで、学校内の生徒・児童・教員が、拡声器を使った激しい攻撃的言論にさらされた。その内容は、人身攻撃の威嚇や社会からの排除、侮辱的な表現を含むものだった。この事件に関する民事裁判では、１審（京都地裁２０１３〔平成25〕年10月7日）は国際条約の考え方を導入してその被害を認め、控訴審（大阪高裁２０１４〔平成26〕年7月8日）も業務妨害と名誉毀損を中心とした「人格的利益」の侵害を認め、被告に高額の賠償と街宣活動の差止めを命じる判決を出し、最高裁もこれを支持した。この判決では、起きた被害への損害賠償だけでなく、差止めも認められた点が注目された。裁判所は、業務妨害と名誉毀損がさらに起こりうる具体的なおそれがある場合、この学校のもつ「人格的利益」に基づいて差止めが認められるとした。

裁判と被害者の特定性

差別表現のうちでも、ある特性を持つ人々に対する憎悪や暴力や社会的排除を内容とする表現のことをとくにヘイトスピーチ（憎悪表現）と呼ぶ。これは言論を向けられた人々にとっては侮辱などの人格権侵害になるもので、個別の人物に対してそのような言論を向ければ、侮辱にも名誉毀損にもなりうる。暴力の脅しを送りつける行為などは、公開か私信かを問わず、脅迫罪に当たる。特定の人物への暴力行為を呼びかける発言は、現行法上、犯罪の教唆犯として処罰される。ヘイトスピーチとして問題視されるもののうち、被害者を個人として特定できるものは、こうした従来の人格権や脅迫の事例で対処できるものが多い。むしろ、被害者が裁判に訴えたり警察に訴えたりしにくく泣き寝入りの心理状態に置かれやすいことのほうを問題視し、ケアすべきだろう。

しかし、国名や出身地名や民族名など、個別の人物を特定しないで集団的属性だけに言及するような表現の場合は、現在のところ、裁判における救済は難しい。その中でこの京都朝鮮学校事件は、特定の敷地で、学校の生徒や職員に対して行われた言論なので、被害者が特定できるケースだった。

ヘイトスピーチ解消法

このケースのように悪質で執拗な事例では差止めを認めるなど、被害者が救済を受けやすくする必要がある。その一方で、社会の中で不利な状況にある弱者がさらに攻撃的な言葉を浴びせられているときには、法によって事前に規制しなければ弱者の側の精神的自由が確保されないという問題が残る。この裁判がきっかけとなって、この問題が日本社会に広く認識されることとなり、２０１６年には「ヘイトスピーチ解消法」（正式名称「本邦外出身者に対する不当な差別的言動の解消に向けた取組の推進に関する法律」）が制定された。

第１条　この法律は、本邦外出身者に対する不当な差別的言動の解消が喫緊の課題であることに鑑み、その解消に向けた取組について、基本理念を定め、及び国等の責務を明らかにするとともに、基本的施策を定め、これを推進することを目的とする。

ここでは国の責務を宣言しつつ、実際の取り組みは各自治体に委ねる内容となっている。具体的には相談体制の整備、教育の充実、啓発活動などが定められているが、罰則規定は設けられなかったため、その実効性については議論が続いている。

人格権と精神的自由だけでは解決できない……

前記のような社会問題がある一方で、好き嫌いの感情は憲法19条の「思想良心の自由」で保障されている「内心の自由」に属するもので、法で強制できるものではない。また、「表現の自由」に対する規制は「（1）規制がどうしても必要な事柄に限って、（2）必要最小限度で行う」ことが求められるので、（1）「どうしても必要」と言える社会状況が存在することと、（2）その解消改善のために「その規制がどうしても必要」と言えることを、日本の社会の実情に照らして認定していく必要がある。その基準をクリアする深刻さが認められれば規制に踏み切るべきことになる。

欧米諸国は、人種・民族・宗教などの対立による紛争や地域内少数派民族への迫害を経験してきており、この問題に対する認識は厳しい。その理由はヘイトスピーチが個別の人格権侵害の問題にとどまらず、共存社会や民主主義を成り立たせなくさせてしまい、社会内の自己治癒力を働かなくさせてしまうところにある。ヘイトスピーチについては、この観点から、第4章でも取り上げる。

6
報道の自由とプライバシー権・肖像権

（1）報道とプライバシー権・肖像権

名誉毀損の場合には、前述のように、公共のために公表した報道は、その内容が真実であった場合には法的責任を問われないというルールが刑法に明記されている。民事訴訟でもこの考え方がとられている。しかしプライバシー権や肖像権のように、その権利について明文規定がなく裁判で導き出されてきた権利の場合には、報道との関係はどうなっているのだろうか。

公共情報の報道とプライバシー権・肖像権

日本の裁判上、最初に「プライバシーの権利」が認められた事例は、小説作品が問題となった事例だった。では、報道とプライバシーとが衝突した場合には、どうだろうか。これについては、２００４年に、雑誌『週刊文春』に掲載された某政治家の家族に関する記事が、政治家本人（公人）ではない個人のプライバシーを侵害しているとして、地方裁判所の仮処分命令により出版差止めとされたが、その直後に上級裁判所がこの命令を取り消した事例がある（東京地裁２００４〔平成16〕年3月19日決定、東京高裁２００４〔平成16〕年3月31日決定）。

報道の社会的役割からすれば、報道の自由は可能なかぎり広く認められるべきである。その公表内容が公共の関心に応えるものとは言えず、個人の私生活を本人の意に反して暴露していると言わざるをえない場合には、報道機関がプライバシー侵害の責任を問われることになる。その場合でも、事後的な賠償責任は免れないとしても、その出版物まるごとの差止めは、よほどの場合以外には認められるべきでない。

ところで、常に公共の関心事に関わる立場にあるような人物は、「公人」と呼ばれ、プライバシーの権利や肖像権にもある程度の制約がかかる。報道の自由が国民の「知る権利」と結びついていることから、必要な考え方である。

報道表現では、視聴者の関心に応えるため、また内容に正確を期すため、人物の写真が用いられることが多い。このとき報道機関は、報道に用いる人物写真のすべてについて、権利処理をしたり、肖像権料を支払っているわけではない。公共情報に関わる報道（とくに「公人」に関する報道）については、肖像権よりも「報道の自由」が優先すると考えられている。

(2) 犯罪情報と人格権

一般の犯罪の場合

裁判や犯罪に関する報道は典型的な公共情報とされているので、被疑者・被告人の実名や肖像をメディアが報道することは、プライバシー侵害や肖像権侵害とはならない、と考えるのが今のところ通説である。しかし近年では、犯罪報道に実名・顔写真などの本人特定情報が本当に必要か問い直す議論も有力である。

一方、逮捕時や裁判時に報道対象となった人物が刑事責任を終えて一般社会に復帰した後、あるいは、無罪判決を受けて裁判手続が終了した後は、その人物の実名や肖像は、時の経過に伴ってプライバシー保護や肖像権保護の対象となると考えられている。実例としては、本人に犯罪歴を秘匿する権利を認め、その情報を第三者に開示した地方自治体を「公権力の違法な行使にあたる」と判断した裁判例(前科照会事件、最高裁1981〔昭和56〕年4月14日判決)、モデルが実名で描かれているノンフィクション小説について、社会復帰している人の過去の犯罪情報にプライバシー権を認めた事例(ノンフィクション小説「逆転」事件、最高裁1994〔平成6〕年2月8日判決)がある。

少年犯罪報道における本人推知情報

少年犯罪報道に関しては、少年法61条によって、行為者である少年の氏名、肖像など、本人を特定できる情報の公表を控えることが求められている。これは人格の発達途上にある若年者に対する教育的配慮から行われている報道規制で、少年の「プライバシー権」や「肖像権」を保障する趣旨ではない。これは少年が善悪の判断の未発達な状態にあり、今後の人格発展の可能性から、刑事責任や社会的責任を負わせるよりも教育的・保護的発想に立ってその利益を守ろうとしているのである。

一方で、これは報道側にとっては制約になる。そのため、とくに犯罪を行った少年に同情の余地が感じられない残忍な事件が起きて国民の多くが強い関心を示しているような場合には、「表現の自由」と「知る権利」のほうを優先させるべきではないかとの議論もある。専門家の間でも見解は分かれている。

「裁判の公開」や「公共のための報道」は、本来、公権力の暴走を抑えるためのものである。被疑者・被告人に対する身柄の取り扱いと審判が公正で非暴力的に行われているかどうかを国民が見守ることができるように定められているルールなのである。

情報を知る側の国民が、事件情報を娯楽として消費することや報道対象となった少年を社会から半永久的に排除することを目的とするのでなく、そうした本来の目的のために情報を求めているのであれば、「表現の自由」と「知る権利」を第一に考えることに理がある。私たちは何のためにその情報を求めているのか、一度、自問する必要があるかもしれない。近年では、成人の犯罪についても、実名・顔写真報道が本当に必要かどうかを問う議論がある。

性犯罪の場合の被害者情報

性犯罪被害者が刑事告発を行ったり、民事訴訟で損害賠償などを求めようとする場合に、公判で当人のプライバシー保護のために顔の見えない配慮をしたり、実名を伏せたりすることが認められている。たとえば、裁判所は、性犯罪などの被害者の氏名など「被害者特定事項」についての公開の法廷で明らかにしない旨の決定をすることができる（秘匿命令）。この決定が行われると、起訴状の朗読などの訴訟手続は被害者の氏名などの情報を明らかにしない方法で進められる。検察官も、被害者の名誉又は社会生活の平穏が著しく害されるおそれや、その身体又は財産に害を加えられるなどのおそれがあると認められるときは、弁護人に対して被害者特定事項が他の人に知られないようにすることを求めることができる。

裁判での配慮はそのまま裁判報道を行うメディアへの制約にもなるが、これについては配慮を要する情報としての社会的合意が得られていると言ってよいだろう。ただし被害者への配慮が必要な反面、こうした手続きは国民による監視が弱まる分、被告の側に冤罪（えんざい）を生みやすい、との指摘もあることに留意しておきたい。

忘れられる権利

近年の新しい動きとしては、欧州で「忘れられる権利」が確認され、日本もその実現について模索中である。「忘れられる権利」とは、インターネット上の自分に関する過去の情報や他人による書き込み等を削除してもらう権利である。日本ではまだ明文の規定はなく、個別の削除要請について各企業・管理者が対応している状態である（２０１８年8月現在）。過去の事件の報道記事などは、公共情報としての価値を持つ側面もあり、「知る権利」と対立することも考えられる。また技術的な問題として、この権利を認めるとしてもどの範囲まで削除が可能なのか、どこまで検索サービス企業に責任を負わせることが適切か、検討が行われている。

これに関しては、インターネット検索サイトで自己の名前などを入力すると自己の逮捕歴に関する内容が表示されるのはプライバシーの侵害だとして、ある男性が検索サービス大手の米グーグルに検索結果の削除を求める訴訟があった。最高裁は、「男性の逮捕歴は公共の利害に関する」として削除を認めない決定をした。最高裁は、検索結果の表示の社会的な意義などと比較して「個人のプライバシー保護が明らかに優越する場合は削除が認められる」としたが、「忘れられる権利」という言葉は使わなかった（最高裁２０１７〔平成29〕年2月1日決定）。

第3章　民主主義と「表現の自由」

「表現の自由」は民主主義の基礎体力である。民主主義という政治制度を森に見立てるなら、自由な言論が交わされる社会は、その森を成り立たせるための土壌になるのである。しかし今、その意味での「表現の自由」が、それにふさわしい自由度を得ているだろうか。

さまざまな社会問題について人々が情報を知ること、その情報を共有したり、それに関する意見を共有したりすること、その情報によって他者の状況を想像できることが、民主主義にとって、なくてはならない回路である。

このような回路を支えるのは、そこに参加している人間一人ひとりの精神の自由である。どのような情報を大切と考え、自分の生活や人生と関連づけるか、社会に起きたどのような出来事に嬉しいと感じたり義憤を感じたりするか。そうしたことが合流して、どのような社会・自治体・国家のあり方を望むか、どのような経済や外交政策を望むか、という政治的議論へと集約されていく。本章では、一人ひとりの自由としての「表現の自由」やその他の精神的自由の大切さを前提として、それを民主主義の回路へとつなげ、民主主義を正常に動かすエネルギーとしていくための権利やルールについて考えていく。

1 民主主義と「表現の自由」と「知る権利」

（1）民主主義のサイクルと「表現の自由」

民主主義のサイクル

民主主義とは、主権者である私たち国民が意見を持ち寄って意思決定を行う仕組みのことである。民主主義は、形式的には、選挙の制度と議会における議員の発言の自由が保障されていることによって守られるが、実際にはそれだけでは足りない。私たちが選挙や住民投票などの場面でなんらかの選択をするときには、十分な情報を得ることや、他者と政治的問題について自由に話し合うことが必要である。「表現の自由」の保障は、この意味で、民主主義の社会を支える不可欠の前提条件として、大切なものなのである。

まずは、民主主義のサイクルを理解しよう。国に新たな政策（法律の制定や改正）を求めたり、現在ある政策（法律）の廃止を求めたいとき、主権者である私たちには、おおまかに言って次の方法がある。

・参政権……自分が議員に立候補する、またはこれと思う人物や政党に投票する。
・請願権……現職の議員や行政窓口への請願・嘆願、陳情。
・政府や自治体が募集する「パブリック・コメント」への投稿。
・表現の自由……メディアや各人の表現活動や市民運動によって世論を形成する。
・裁判を受ける権利……違憲な法律や行政によって被害を受けている者はその違憲性を裁判で問い、被害からの救済を受けると同時に、国家は違憲無効判決を受けて法律や行政を見直す。

ある法律の制定や改廃が、これらのルートを通して国会で審議され、案が可決されたとする。その施行後、行政による執行や裁判所の適用によって、国民はその影響を受ける。その結果に満足する人もいれば、反対したいと感じる人もいるだろう。そのときはまた、最初のサイクルに戻って、政策（法律）の改廃を自分たちで考え、国政へ働きかけることになる。民主主義の

国家においては、国政と主権と人権は、このように終わりのない軌道修正の循環（サイクル）でつながっている。「表現の自由」は、このサイクルを下から支える権利である。

民主主義の揺れ

このように、評価、フィードバック、軌道修正に対して常に開かれている民主主義の社会は、ハンドルを左右に切りなおしながら揺れ動くことを当然に織り込んでいる。だから、試行錯誤の可能性を必ず含む。「間違ったことを言ってはいけない」ではなく、「間違う自由」を許容しながら、自由な批判や修正を認め、これによってより良い考え方やより真実に近い考え方へと自力で近づいていくことが必要なのである。こうした発想に立って、表現内容の正誤や良し悪しの判断を市民に任せ、国家が介入しないという考え方を「思想の自由市場」と言う。

2018年前半の国会で問題となった、森友学園への国有地払い下げに関わる公文書改ざん事件なども、この観点から考えていく必要がある。行政職員には公文書を書き換えていい「表現の自由」があるわけではなく、正確な文書を残す責任があるのであり、ここで関わっている権利は、国民の側の「知る権利」である。

今、日本は、「間違ってはいけない」という表向きの倫理観と、「そんなことは実際には無理」という現実とのつじつまを合わせようとする結果、記録としての意味を失った「表向き間違いのない書類」だけを残そうとする姿勢に陥っているように見える。しかしこれは民主主義の本質を見誤っていることになる。公文書改ざん問題が深刻なのは、それが民主主義の基礎体力を損傷させることになるからである。

（2）熟議と「知る権利」

「知る権利」と公共情報

「知る権利」は民主主義にとってなくてはならないものである。国民が、国や自治体が公正な国政や自治を行っているか、自分が生活する地域が安全な環境なのか、といった公共的な事柄について知ることは、民主主義の担い手としても、また自分自身が生きるためにも、必要なことである。私たちは民主主義の担い手として、選挙や住民投票、自発的な請願や署名活動などさまざまな場面で、自分なりの判断を国政や地方自治体に伝える。何かを判断するときには必ず、嘘のない公正な判断材料が必要である。社会を支えるために必要な判断材料となりうる情報を、公共情報と言う。私たちは、そうした公共情報について「知る権利」を持っている。これは憲法21条の「表現の自由」に当然に含まれる内容であり、また国民主権・民主主義を採用する国家では当然に保障されなければならない権利と考えられている。

メディアの自由

「知る権利」に応える役割の担い手として、まずはマスメディア（新聞や出版、放送）がある。

歴史を見ると、新聞などのメディアが国民の「知る権利」に応えて民主主義を支える重要な役割を果たしてきた。そのため、メディアは国民の「知る権利」に応える情報（報道）の発信主体として強い公共性を担うものとして信頼されており、このメディアの「自由」を守ること――国家が介入しないこと――が、「知る権利」を守ることに直結する。いわば「知る権利」の消極的な守り方である。報道の前提となる「取材活動の自由」も憲法上の権利として尊重されている。このことからすれば、メディア（取材者）と取材源（情報提供者）との間の信頼関係を損なうような形で法規制や警察などが二者の間に踏み込むことには、慎重でなければならない。この点については、最高裁は「憲法21条の精神に照らし、十分尊重に値いする」というややぼかした言い方をしており、取材の自由が実際に争われた裁判では、最終的に警察実務の必要性のほうが重く考慮されたため、この権利を尊重した結論となっているか疑問視されている（博多駅フィルム事件、最高裁１９６９〔昭和44年〕11月26日決定）。

メディアも自由な表現の主体として、報道だけでなくドラマなど創作的な表現を発信する自由もあるし、営利企業としてスポンサー（資金提供をする広告主）の宣伝を発信する自由もある。この中で、「報道」を発信する場面では、国民の「知る権利」に応える公共的責任があると考えられるが、新聞・出版などの媒体については、現在、法律によって国が報道内容に関与することはしていない。その代わり、新聞については「日本新聞協会」が自主的に「新聞倫理綱領」を定め、「自由と責任、正確と公正、人権の尊重」などの原則を掲げている。

放送については、法律によって、いくつかのルールが課されている。放送法4条では、「放送事業者は、……放送番組の編集に当たっては、次の各号の定めるところによらなければならない」とし、各号の内容として「一、公安及び善良な風俗を害しないこと。二、政治的に公平であること。三、報道は事実をまげないですること。四、意見が対立している問題については、できるだけ多くの角度から論点を明らかにすること」と定めている。

1号から4号までですべてがさまざまな議論の対象となっているが、このうち3号の内容は「真実報道」（虚偽報道の禁止）ルールと呼ばれ、先に見た民主主義の本質から見て、もっとも基本的なルールである。

この放送法4条をめぐっては、2016年2月の国会での高市早苗総務大臣（当時）の発言が大きな議論となった。テレビ局が政治的公平性を欠く放送を繰り返した場合には放送法4条違反を理由に停波（電波停止）を命じることができると述べたのである。報道の自由を確保するには、報道を行う者が政府から独立した立場にいる必要がある。ここで公平性・中立性を政府が判断して電波停止にするとなれば、政府が放送メディアの自律性を否定して報道内容に直接に介入することとなるため、これを憂慮する声が多数上がった。

情報公開制度

ところでメディアも営利企業として、人気の得られそうな内容で視聴者の注目をひこうとする。報道についても、多くの人が注目してくれそうな題材に偏る傾向はどうしても出てくる。したがって、国民の「知る権利」の実現のためには、メディアの自由の保障と並行して、メディアに依存せずに、国民が直接に情報を得るルートも必要となる。

このルートの実現には、国の法律や地方自治体の条例という形を通じて、その手続き・手順を制度化する必要がある。この制度が「情報公開制度」であり、この手続きを定めた法律が「情報公開法」（「行政機関の保有する情報の公開に関する法律」）である。日本では、１９７０年代からその必要性が議論されながら、法律の制定はかなり遅れ、１９９９年に制定、２００１年に施行された。

ただ、その１条には「国民主権」は明記されているが、「知る権利」は明記されなかった。また現在の情報公開制度では、政府が当該の記録を保管していないとなれば情報は開示されない。開示されても実際には、重要な情報が不開示（黒塗り）にされている例が多い。この点では、政府が「存在しないから公開できない」と答えていた密約文書につき、外国で存在が確認されたケース、同じく「存在しない」と答えられていた自衛隊の「日報」が後から発覚したケースなどがあった。そのため、文書の保管義務など制度の誠実な運用を行政に義務付ける必要が指摘されている。

「知る権利」に応えるためのもう一つの制度・施設として、図書館がある。とくに公立図書館は、国民の「知る権利」を出版図書の閲覧という文化面から支えている。

公共情報と個人情報

「公共情報」とは、国政や地方自治に関わる事柄や、災害情報・犯罪情報のように国民・住民の安全や環境に関わる事柄など、社会に影響のある情報のことである。「公共情報」に対置されるものとして、「個人情報」や「プライバシー情報」がある。公共情報については一般社会に知らせる「表現の自由」を優先し、個人情報やプライバシーについては一般社会の目から個人を保護する方向が重視される。「情報公開制度」も、「公共情報は開示するが、個人情報は開示しない」という線引きがある。

また、常に公共の関心事に関わる立場にあるような人物は「公人」と呼ばれる。国政に関わっている議員や大臣級の官僚、地方公共団体の意思決定に関わっている地方議員や知事は、「公人」の典型である。こうした人々の場合は、飲食や旅行や資産状況など通常は個人情報に属するような職務外の事柄であっても、公共の関心事に関わるために公共情報となる可能性がある。最近では、公人（首相）の家族が公的な事柄の決定に関わっていることが疑われるとき、この家族は公人として扱われるべきか否かが話題となった。

主権者と統治をつなぐ「知る権利」

議会制民主主義の下では、国民の代表である国会議員の手に政策の決定権が委ねられている。それは国民の意を汲んで熟議を重ね、合意形成の努力が尽くされることを前提としている。熟議なしに議員の数で押し切ることは、民主主義的決定とは言えない。

国家が国民のために行う多様で膨大な仕事のことを総称して、「統治」と呼んだり「国務」と呼んだりしている。国家の意思を決めるにあたって、誰か一人の意思が通る独裁制ではなく、参加者の意思を集めて決める民主主義では、統治の透明性や公正性、そして誠実な議論（熟議）を確保するために、さまざまな共通ルールがある。

たとえば国会の意思決定に関連するルールとしては、憲法（41条以下）、国会法、請願法、財政法や会計検査院法、地方自治法などがある。

国会で行われる討論や調査については、一般の「表現の自由」と異なるルールもある。たとえば、他人の名誉を低下させるような発言は名誉毀損に問われる可能性があることを、第2章で見た。しかし国会の衆・参両議院内では、公務の不正について指摘・質問があるなど、一般社会では名誉毀損に当たるような発言場面もある。しかし、議院内ではこのリスクにとらわれずに自由に討論できるよう、院内での議員の発言は法的責任に問われないという特権が51条で定められている。「議員の発言表決無答責」と呼ばれるルールである。これは、国会議員の議員としての任務をまず優先することで、熟議を確保するためのルールである。

「会議の公開」と「知る権利」

私たちは、国会の審議の様子を傍聴することもできるし、メディアを通じて見たり読んだりすることもできる。それは、憲法57条で両議院の会議の公開が定められているからである。民主主義の国家では、国家が統治のために行うさまざまな決定（立法）や実行（行政）は、主権者である国民が評価し、その評価を選挙その他の民主的なルートでフィードバックしていく必要がある。そのために国民は、決定された政策を受け取るだけでなく、それが決定されていく過程や予測される影響についても関心を持つのが当然である。「知る権利」はこうした関心のために保障される。

ここから、報道の自由、傍聴の自由、会議の記録（議事録）の公開が保障される。その前提として当然に、虚偽や欠落のないように正確に記載した記録の作成が求められる。

一方、「会議」（本会議）に対して「委員会」は原則として非公開で、議員以外で傍聴が認められるのは、委員長の許可を得た報道関係者などに限られる（国会法52条1項）。法律と行政が多くの分野を規制している現代社会では、政策にも高度な専門性が求められることが多い。そうした議案を効率よく処理するために、各種の委員会で法案の実質的内容を決定しておき、本会議では「案」を承認するか否かだけが問われる、といった方式が多くなっている。

委員会での専門性の高い審議は必要である反面、本会議で議員が発言しにくくなるおそれもある。立法プロセスが委員会中心に傾きすぎて本会議が討論のない採決だけとなっていくと、政策決定のプロセスに国民の「知る権利」が及びにくくなってしまう。民主政治の基盤である討論を充実させる方向を常に意識する必要があると同時に、議事録をはじめとする記録文書が、事後的な検証のため重要な意味を持つ。

なお、憲法57条では、出席議員の3分の2以上の多数で議決したときは、秘密会を開くことを認めている。これに加えて「特定秘密保護法」（後述）が制定されたことによって、安全保障などに関わる分野は、非公開の方向へと大きく傾いた。

Case 議事と「知る権利」の関係が理解されているか？

ここで確認した原則が国政担当者自身に理解されているかどうか疑問に思われる場面が日本には多々見られる。たとえば１９７１年11月、沖縄返還協定を審議中の衆議院特別委員会で核疑惑問題を含む質疑が打ち切られ強行採決が行われた。同時期、沖縄基地「密約」問題の取材・報道に関して公務員と記者が起訴された「西山記者事件」では公務員・記者とも有罪判決を受けた（外務省秘密漏洩事件、最高裁１９７８〔昭和53〕年5月31日決定）。

近年では、２０１５年9月、参議院の法案（平和安全法制案）の議決のあり方が通常の表決とは大きく離れ、議事録に決定事項が記載されていなかった。会議の公開そのものは一応守られていたが、議事録については、議決内容を後から加筆して議決を有効としたことが民主主義と公正性から認められることだったかどうか、疑問が残る。その後、ここで可決とされた新法制に基づいて南スーダンに派遣された自衛隊の「日報」について一時「破棄した」との虚偽の理由で議会にその内容が開示されなかった（2016年）。しかし、後になってその存在が確認される（2018年）など、日本の議会政治では「情報公開が議会制民主主義を支える」という考え方が共有されているとは言えないのが現状である。

Case 「特定秘密保護法」と「知る権利」

安全保障上の情報は、民主主義本来の考え方からすれば、民主的コントロール（シビリアン・コントロール）を可能にするために国民に公開すべき最高度の公共情報である。しかし現実には、国家の安全保障はさまざまな理由から、その秘密保持の必要性が優先される流れが続いている。

特定秘密保護法（「特定秘密の保護に関する法律」2013年制定、2014年施行）は、国家の安全保障に関する情報のうち「特に秘匿することが必要」な情報を特定し、取扱者の適性評価や、情報が漏洩した場合の罰則について定めている。これは国家公務員に課される法律なので、まずは対象となった公務員の「表現の自由」と「良心の自由」に影響する。また、国会でその内容への説明が求められても守秘義務が優先し、取扱者やそれを統括する大臣は答えないでよいことになるので、国民の「知る権利」への制約となる。さらにマスメディアの取材が公務員の情報漏洩行為の「そそのかし」に当たる可能性があるため、取材・報道の自由が萎縮することが指摘されており、結果的に国民の「知る権利」が狭められる可能性がある。この点を問題として特定秘密保護法は違憲・無効である旨の宣言判決を求めた違憲訴訟があるが、訴えは退けられている（東京高裁2016〔平成28〕年9月7日判決）。

本来、国家機密を「保護する」という発想は、国家の情報を国民に公開するという原則を前提として、その特殊な例外として考えられるべき事柄である。しかし、日本では安全保障問題についてこの原則が確立しておらず、重要な情報の多くが国民に公開されない傾向が強い。

国政の国民への公開を原則とした憲法の趣旨からすると、「原則」としての公開と、「例外」としての秘密扱いが法律によって逆転することは、国家が慎まなければならないことである。国政について、国民が常に見守ることのできる仕組みが確保されなければならない。

2 民主主義における表現の「自由」

(1) 選挙運動における規制

戸別訪問ができないのは日本くらい？

「表現の自由」と「知る権利」は、民主主義にとって不可欠の前提となる権利である。この関係からすると、選挙や政治に関わる言論は、その自由が最大限に尊重されるべきものである。とくに有権者と候補者がコミュニケーションをとり、自分の考えを伝えあうことは重要である。

しかし日本の公職選挙法では、選挙期間中の表現活動にさまざまな制限がある。とくに候補者が有権者の家を訪ね歩く「戸別訪問」は全面的に禁止されている（公職選挙法138条）。これは選挙の公正性を守る観点から、買収などの不正を防ぐための禁止だと言われる（戸別訪問禁止規定合憲判決、最高裁1981〔昭和56〕年6月15日判決）。これが規制の十分な根拠となるのかどうか、むしろこうした表現活動を自由にするほうが民主主義の趣旨にかなうのではないか、と疑問視する声は多い。アメリカでは、史上初の黒人大統領となったオバマ大統領の選挙戦で、戸別訪問による説得が人種的偏見を乗り越えるさいに大きな役割を果たしたことが知られている。

その他にも選挙活動における規制として、教育者（公立・私立を問わず学校教育法に定められた学校の教員）は教育上の地位を利用して選挙運動をすることはできない（公職選挙法１３７条）。また、年齢満18歳未満の者は、選挙運動をすることができず、その者を使用して選挙運動をすることもできない（同１３７条の２）。

民主主義の制度とインターネット技術

インターネットは、一人ひとりが簡便に公共情報にアクセスできる道具として、大きな可能性を持っている。インターネット技術を使えば、選挙での投票もその集計も簡便にできそうである。この技術によって、これまで法整備の遅れが問題視されてきた「在宅投票制度」問題も解決できるかもしれない（病気や高齢などの理由で投票所まで行けない人は、選挙権があっても投票ができない状態に置かれているので、その解決が求められている。また、地方自治では住民投票を条例で行うことができる）。

また、一般国民は選挙で代表者を選出するだけで、なんらかの議案について直接の意思表示をする仕組みは存在しない（唯一の例外として、憲法改正の国民投票が憲法に規定されている。また、地方自治では住民投票を条例で行うことができる）。しかし、インターネットを通じた投票を活用すれば、国政の一部にそうした直接民主制を導入することも可能かもしれない。

ただし、これを実現するためには超えなければならないハードルがある。インターネット社会はよく「匿名による表現活動が可能な空間」と言われるが、実際には、すべての情報の受信・発信に、個人認証情報が伴う。この技術を使って投票をすることになると、自分の投票内容がいつでも公権力（国家や自治体）によって照合可能な状態となる。

憲法15条・選挙権の規定では、「投票の秘密」が保障されている。これは、投票内容について公権力から干渉や詮索を受けることなく、自由に投票ができることを保障したものである。この原則の重要性を考えると、インターネットによる電子投票を導入するには、その前提として、「投票の秘密」の原則を守るための技術と法ルールを確立して、国家と自治体に課す必要がある。

最近では、さまざまな行政機関や自治体が、インターネットを使って一般市民からの「パブリック・コメント」を募集している。これは一般市民側から議題の発案ができるものではなく、また寄せられた意見は「参考意見」にとどまるため、民主主義的な決定の一要素になるわけではない。それでも、一般市民の声が国政や地方自治に届きやすくなることで、民主主義の活性化につながることが期待される。

インターネット社会にはこうした期待がある一方で、一人ひとりが自分の好きな情報にだけアクセスする傾向があることから、むしろ公共的な関心を共有する機会が減り、民主主義を弱体化させる可能性や、感情的なポピュリズム（後述）に走りやすくなる傾向があることも指摘されている。どちらの道へ進むかは、私たちの自覚次第、ということになるのだろう。

(2) 署名運動、ビラ配り

請願の自由

一般市民が国家や自治体に政治的な要望を伝えたいと思うとき、参政権の行使（選挙での投票など）とは別に、請願という方法もある。国政や地方自治が扱っている事柄について、公務担当者に要望を伝えたいと思った者は、平穏な方法でこれを伝えることができる。国や自治体は、これを行ったことを理由に請願者を不利に扱ったり要注意人物としてマークしたりしてはならない。請願権は憲法16条と請願法で「何人も」保障されている。現在のところ参政権保障のない18歳未満の者、外国人、受刑者にも保障されている。

この請願に添える署名を集める活動（署名運動）やこれに応じて署名をする行為、請願に必要な郵送物のやりとりは、「表現の自由」によって保障される。国家や自治体は、この署名活動を妨害したり圧力をかけたりするような干渉をしてはならない。受刑者が請願目的で新聞社に信書を送ることを不許可とした刑務所の判断を違法とした判決がある（最高裁２００６〔平成18〕年3月23日判決）。

Case　関ケ原訴訟　名古屋高裁2012（平成24）年4月27日判決

廃校が予定されている小学校のPTA有志が統廃合反対の署名活動を行い、署名簿等を町長に提出したが、その町長が署名者に対する戸別訪問調査を実施し、署名者に対して立ち入った質問を行った。これについて裁判所は、署名行為も署名活動の自由も「表現の自由」および請願権によってその活動が保障され、請願を実質的に萎縮させるような圧力を加えることは許されない、と述べた。その上で、このような戸別訪問調査は、原告らの請願権、「表現の自由」、「思想良心の自由」、「プライバシー」を侵害したと判断した。

ビラ配り

ビラ配りについては、日本では住居侵入罪で有罪判決を受ける事件が起きている。「表現の自由」の意義を踏まえるならば、場所の管理権や住居のプライバシーが絶対的に優先されて意見表明の自由が塞（ふさ）がれることは憲法の趣旨に反するため、適正なバランスが必要である。このことが問題となった事例としては、立川反戦ビラ事件（最高裁2008〔平成20〕年4月11日判決）がある。

また、公務員（公立学校の教員も含まれる）は、国家公務員法102条によって政治的表現活動が禁止されており、ビラ配りもこの禁止に入るとされている。こうした禁止は、公務員の職務の中立性を守るためのものである。その目的に照らすならば規制が必要な場面を公務場面に限定すべきで、個人ないし市民として行ったビラ配布行為までを禁止の対象とすることは、憲法違反の疑いが強い。

（3）集会、デモ

何らかの関心を共有する人々が一つの場所に集まって勉強会を開いたり意見交換をしたりすることは、民主主義の一場面として重要な意味を持つ。そうした集まりは「集会の自由」として、またそうした人々がメンバーシップを共有して「〜の会」といった団体を作ることは「結社の自由」として、それぞれ保障されている。

また一般市民が、自分たちの主張を世間に広く知らせることを目的として集団で行進することを「デモ」（集団示威運動）という。これは「動く集会」という性格を持つもので、民主主義にとって重要な意味を持っている。しかし、一般通行人の交通の自由も守る必要があることから、届出制や許可制などのルール化が行われている。

このタイプの表現の自由を実現するには、表現の「場」を確保することが必要になる。一般に、ある場所について「立ち入り禁止」「演説や音楽は禁止」といったルールを作ることは、所有者や管理者の判断に委ねられている。私人（個人や私企業）の屋内や庭については、そう言える。これに対して、公園や公民館、図書館など公共性の高い場所は「表現の自由」に対して可能な限り開かれるべきだとする考え方がある。日本ではこの考え方がまだ定着しているとは言えないが、裁判ではこの考え方を取り入れた判決も見られる（本章で後述する泉佐野市民会館事件判決、112〜113ページ）。

街路で行われるデモについても、行政の介入は、交通の安全といった「場」の調整や、住民の平穏な生活を守るための調整に限られるべきである。その主張の内容を事前に審査してこれを理由に許可・不許可を決めることは、検閲または事前抑制に当たるため原則として許されない。このルール化が憲法に反しないか問題となった事例として、新潟県公安条例事件（最高裁1954〔昭和29〕年11月24日判決）、東京都公安条例事件（最高裁1960〔昭和35〕年7月20日判決）がある。

街頭デモに関する最近の事例では、駅自由通路におけるマネキンフラッシュモブに対して、神奈川県海老名市が条例に基づき禁止命令を出したが、裁判所がこの命令を違法と認め、その取り消しを命じた（横浜地方裁判所2017〔平成29年〕3月8日判決）。「多数の歩行者の安全で快適な往来に著しい支障を及ぼすおそれが強い行為であったと認めることはできない」ため、条例が定める禁止行為に該当しないとの理由による。

現在この領域では、ヘイトスピーチへの自治体の対処が議論となっている。マイノリティへの被害防止のためにはヘイトスピーチ・デモについて自治体が不許可の決定をすることも必要となってくるが、「事前抑制」に当たるという議論や、「表現の自由」を公権力に依存させる方向となってしまわないか、といった議論がある。この問題は第4章で扱う。

Case 「共謀罪」と集会の自由、通信の秘密

「共謀罪」と呼ばれる規定が議論となっている。これは、2017年に「組織的犯罪処罰法」の改正によって新設された「テロ等準備罪」がそのように呼ばれているのである。これが「共謀罪」と呼ばれるのは、犯罪の実行行為（または未遂と言える着手行為）がまだないのに、その前段階の話し合い（共謀）を処罰対象とすることになるからで、一般に「共謀」そのものを処罰対象としたり捜査対象としたりすることは、憲法の保障する「表現の自由」に反する。しかし「テロ活動」の特殊性とその防止の必要性から、そのような規定が例外的に新設されることとなった。

政府は国会や記者会見で「テロ対策」を強調し、国際組織犯罪防止条約の締結に不可欠だと説明し、その適用対象を「組織的犯罪集団」に限定し「一般人は対象外」と説明してきたが、衆・参の委員会審議の中でさまざまな質問が出され、規定の必要性への疑問や、処罰や捜査の対象の曖昧さが指摘された。国内のこの動きに対しては、国連の特

別報告者も「プライバシーや表現の自由を制約するおそれがある」と懸念を表明していた。

現在、日本における「テロ」の定義は「政治上その他の主義主張に基づき、国家若しくは他人にこれを強要し、又は社会に不安若しくは恐怖を与える目的で人を殺傷し、又は重要な施設その他の物を破壊するための活動をいう」となっている（特定秘密保護法12条2項1号）。

内容に関しては、警察にあまりにも広汎な捜査の権限を与えてしまう、しかも実行行為のない準備段階での警察活動が可能になる点で刑法の「罪刑法定主義」に反することが指摘されている。さらに前記の「特定秘密保護法」上の定義と組み合わせたとき、「政治上その他の主義主張」を実行行為のない準備段階で調査できるとなると、思想信条調査になってしまう可能性がある。テロのおそれに対しては警察は憲法21条2項「通信の秘密」の保障の例外として、通信を傍受することができる、というルールも組み合わせると、法文にそのような可能性が含まれるのである。

本来、防ぐべきテロは、主義主張とは関係なく、人間に加えられる殺傷的な暴力だろう。それを防止するものとして噛み合った政策になっているかはさまざまな角度から疑問視されている。

そして、その内容や社会的効果について多くの問題が指摘されながら、この法案は疑問のある形で可決され、可決後は驚くほどの迅速さで施行された（委員会採決を省略できる「中間報告」の手続きを使って審議を打ち切り、本会議採決を強行。野党4党はこの審議打ち切りに反発し、内閣不信任決議案を提出したが、衆院本会議で否決された。成立した改正法は、6月21日に公布され、7月11日に施行された)。

議会制民主主義における国会の機能が問われる。

Case 東京都迷惑防止条例の改正

2018年、東京都の「公衆に著しく迷惑をかける暴力的不良行為等の防止に関する条例」(東京都迷惑防止条例)の一部が改正され、「盗撮行為の規制場所の拡大」「つきまとい行為等の禁止の行為類型の追加」が盛り込まれた。このうち「つきまとい等の禁止」を定めた5条に、新たに「住居等の付近をみだりにうろつくこと」、「監視していると告げること」、「電子メール(SNS含む)を送信すること」、「名誉を害する事項を告げること」、「性的羞恥心を害する事項を告げること」が付け加えられた。私人間におけるストーカー行為や嫌がらせの規制を強化する趣旨だと説明されている。

これらの新設規定がどれも、個人から個人へのストーカーや嫌がらせに限定されず、公共性のある事柄(とくに政治家)への取材活動やデモ活動、ビラ配り、メールやSNSを使ったデモや集会への参加呼びかけなどに適用される可能性があることが指摘されている。市民が国や自治体、企業に対する意見表明をすることも、相手が拒めばそこからは規制の対象となる可能性がある。

さらに、「名誉を害する事項を告げ、又はその知り得る状態に置くこと」についても、市民が政治家などを批判する内容のビラまきをしたり、消費者が企業に対して不買運動をしたりすることも、反復すればこれにあたる可能性がある。ここでの「名誉を害する事項を告げること」は、「公然性」が要求されていないことから、名誉毀損（罪）と比べて適用範囲がきわめて広範である。第2章で見たとおり、名誉毀損（罪）は「表現の自由」との緊張関係があるため、刑法230条の2で公共の利害に関する情報の公表は、真実性の証明による免責を認めている。この東京都条例はそのような配慮がない点で、「表現の自由」に対する重大な侵害となり得るとも指摘されている。

こうした曖昧さは、民主主義的公共性のある事柄への取材活動・報道・市民の言論の自由・政治的活動の自由に対して不当に適用されるおそれがある。またそのことが市民運動や報道機関を萎縮させるおそれがあるとして、条文の改廃や厳格な解釈・運用を求める声がある（参考資料：「改正『東京都迷惑防止条例』の施行にあたり、市民の言論・表現の自由の侵害にならないよう、厳格な運用と必要な改正を求める会長声明」2018年7月25日、東京弁護士会）。

3 民主主義の空間と「政治的中立」

(1) 集会の自由と場所の利用

「集会の自由」と「公の施設」

民主主義は、選挙と議会という制度の保障だけでなく、その社会を構成している人々に自由な表現が行きわたっていることを必要とする。とくに民主主義にとっては「集会の自由」が大きな意味を持つが、この自由を確保するためには、集会の場所を確保することが必要になる。こうしたニーズに応えるため、自治体が運営する公の施設がある。公民館がその代表である。公民館とは、市町村などが設置する施設で、その事業には、定期講座の開設、討論会、講習会、講演会などが含まれる(社会教育法21条、22条)。

ここ数年、市民の自発的な集会や催事に対して、地方自治体による公共施設の貸し出し拒否や、後援拒否が多く見られるようになった。新聞報道では、2010年度以降、こうした理由で後援を断ったり取り消したりした例が、2013年度を境に増加している。テーマとしては、

「原発」、「安保・平和」、「憲法」、「沖縄」（米軍基地問題など）が挙がっている（朝日新聞2016年10月9日記事）。

地方自治法244条では、普通地方公共団体（都道府県・市町村）の設置する「公の施設」については、正当な理由なく住民による利用を拒むことは禁止され、さらに住民による利用について不当な差別的取り扱いが禁止されている。実際に自治体がこの種の判断をするときには法的に「正当」と言えるかどうかの歯止めがあり、この歯止めを確認した判決として、「泉佐野市民会館事件判決」がある。

Case 泉佐野市民会館事件判決

最高裁1995（平成7）年3月7日判決

この判決で最高裁は、次のような判断枠組みを示した。自治体が市民会館等の集会の用に供する施設の利用を「正当な理由」なく拒否することは憲法の保障する「集会の自由」の不当な制限につながる。その上で、自治体が市民会館の利用を拒否できるのは、①施設の性質上利用を認めるのが相当でない場合や、②利用の希望が競合する場合のほかは、③人の生命、身体または財産が侵害され、公共の安全が損なわれる明らかな差し迫った危険が具体的に予見される場合だけだ、という限定を示した（実際にはこの判決は、そうした危険があったということで不許可を合憲としており、この結論に対しては、評釈者の間でも賛否が分かれている)。

この考え方に従うと、たとえば①防音設備のない公民館の会議室で爆音系のライブコンサートを行う企画は不許可となりうるかもしれないし、②ある特定の日時について先着順や抽選で利用者を決めた結果、利用できない者が出るのも仕方がない。これらの事情がない場合には、③反対派の妨害によって被害者が出る危険が現に迫っているときだけ、不許可の扱いが認められる。その要点は、反対派(敵対的聴衆)の嫌がらせがありそうだ、という危惧感だけでは不許可の「正当な理由」にはならない、ということである。

この判決は、住民の「集会の自由」保障のために公共施設は毅然としていよう、という姿勢を打ち出したものと読める。

「パブリック・フォーラム」

「集会の自由」を確保するためには、集会の場所を確保することが必要だが、実際に集会に使える場所を自分で所有している人は少ない。そこで、道路・公園などの公共・公開の場所を表現や集会(デモ)のために使える自由が必要となるし、さらに公共施設が市民の集会のために利用できることが必要となる。これはアメリカでは「パブリック・フォーラム」という考え方として裁判でも認められている。泉佐野市民会館事件判決は、この「パブリック・フォーラム」の考え方を採り入れた判決だと評価されている。

しかし近年、こうした判決が参照されなくなり、「正当な理由」の捉え方がそれぞれの現場で緩んできているのではないか、という心配がある。たとえば、ある自治体の「まつり出店拒否」の事例では、「政治的・宗教的な意味合いのあるもの」の参加を認めない旨の募集要項が市報に掲載されていた（２０１６年「国分寺まつり」の事例）。この募集要領に基づいて、３つの団体が参加を認められなかったことについて、東京弁護士会は「表現の自由」が侵害されていると認定している。前述のように、こうした傾向が全国で見られることが報道されている。

たとえば、「政治・宗教活動をするためのもの」（傍点は筆者）は許可できないという条件であれば、特定政治政党への参加や投票を呼びかけるもの、特定宗教の布教・勧誘活動は許可できない、という意味になる。しかし、「政治的・宗教的な意味合いのあるもの」（傍点は筆者）は許可できないという条件となると、政策的に取り組むべき意義のある課題をテーマとして取り上げる催しは行えなくなってしまう。そうなると、「正当な理由がなければ拒むことはできない」という地方自治法２４４条2項の趣旨から外れて、原則（開放）と例外（不許可）が逆転してしまう。

民主主義の基礎体力としての「集会の自由」

《政治に無関心であれば公共の場所を使わせてもらえる》というルールは、民主主義の担い手として必要な基礎体力を人々から奪う結果につながっていないだろうか。それは明日の社会を弱らせることにならないだろうか。

憲法では、選挙以外にも市民が自分たちの政治的意見を表明するルートがいくつも保障されている。その一つが「集会の自由」を含む「表現の自由」の保障である。選んだ側の人々が、選ばれた人々に自分たちの生の声を届けようとすることは、日常のこととして想定されている。また、憲法16条で保障されている請願権は、選挙とは異なるルートで、人々がなんらかの意見や要望を統治者に伝える自由（不利益を受けないこと）を保障している。請願をまとめる準備として意見交換の集会を行おうとする市民もいる。請願に添える署名を集める活動や、これに応じて署名をすることは、21条「表現の自由」によって保障されている。自治体がこうした人権を制約することが許されるのは、先に見た判例が示したような、特別な事態が存在する場合だけだろう。

そのような特別な事態として、マイノリティの集会が激しいヘイトスピーチを受けるおそれなどが挙げられるが、そうしたことを、ヘイトスピーチを受ける側に施設使用（集会）をさせないことによって回避するのでは本末転倒となる。こうした場合には、ヘイトスピーチの解消に努めることのほうが、自治体の責務である（この問題は第4章で扱う）。

民主主義の中に生きる市民であれば、議論が起きることは歓迎して良いことで、「公の施設」は本来そのためにある。政治的議論が起きることが危惧感の対象になるということは、民主主義を支える文化が共有されていないということではないだろうか。この問題を克服するためには、私たちがオープンな対話に耐えられる力を身に付け、それを認め合う文化をつくることも大切だろう。そうした討論のリテラシー（公共的対話の作法）こそ、教育によって培ってほしい事柄だが、学校教育のほかにも社会教育や自由な集会がその受け皿の役割を果たす。公共施設とくに公民館は、民主主義の基礎体力づくりのために重要な役割を果たすことが期待されているのである。

（2）場所の利用と「政治的中立」

社会教育における「表現の自由」と「政治的中立」

先に見たように、近年、地方自治体による公共施設の貸し出し拒否や後援拒否などが増えている。その多くが、「政治的中立を保つ」との理由によっている。

近年では、講演会などの行事を行うさいに公の会場を使用するには市の後援を得ることが必要で、予定されている行事が「政治的」であるためこの後援が得られない、あるいは取り消される、という例が見られる。

たとえば、公園を集会やまつりに使用するさいの許可に、市の後援を得ることを条件とする仕組みが問題となった例がある。判決では、市の後援を得られない場合に公園の使用を不許可とすることを、条例の趣旨に反し違法とした。判決は、集会の自由の意義を確認した上で、市の後援を得ることを条件とするというルールを「運用次第では、問題がある仕組み」と論じている（大阪地方裁判所堺支部２０１６〔平成28〕年11月15日判決）。この「後援」は、公益性があり、かつ政治や宗教をテーマとしない行事に与えられるという運用がされていたので、政治的な主題を内容とするまつり行事を行うことは結果的にできない仕組みとなっていた。公の場所の利用にこうした制約を課すことは、民主主義的な公論の活性化という重要な公益を損なうことになるので問題があると見たこの判決は、多くの場面で参考にされる必要がある。

さいたま市の公民館の「公民館だより」への「九条俳句」不掲載の事例も、こうした流れの中で起きた事例である。

Case

九条俳句公民館だより不掲載事件

東京高裁２０１８（平成30）年５月18日判決

梅雨空に　「九条守れ」　の女性デモ

この俳句（以下「本件俳句」）が、公民館の発行する「公民館だより」に掲載されなかった。

この「公民館だより」には、俳句会が提供する秀句が連続して掲載されてきたという前提があり、本件俳句もその流れの中で掲載されることが期待されるものだった。この不掲載について公民館は「公平中立の立場であるべきとの観点から、掲載することは好ましくないと判断した」と説明した。原告はさいたま市に対し、本件俳句の「公民館だより」への掲載と、これによって受けた精神的苦痛について慰謝料の支払いを求めた。

判決は、「俳句の掲載の請求」と「人格権侵害」の二つの問題を判断した。

まず「俳句の掲載の請求」については、裁判所は、原告は俳句の掲載請求権をもつわけではないとして、請求を退けている。また、この不掲載が原告の「学習権」および「表現の自由」を侵害している、との主張も退けている。

次に、公民館が本件俳句を本件たよりに掲載しなかったことは、原告の人格権ないし人格的利益を侵害したとして、慰謝料の支払いを命じている。原告に対して公務員である公民館職員が、原告の思想や信条を理由として不公正な取扱いをしたため、国家賠償法上違法となると判断されたのである（人格権については、本書第2章を参照）。

ここでは、公民館そのものの使用の問題と公民館が発行する「たより」への掲載の問題とは切り分けて考えられており、先に見た泉佐野市民会館事件判決のような、「公の施設」の使用そのものに関する判例は参照されていない。

この裁判では、一審判決（さいたま地方裁判所2017（平成29）年10月13日判決）が判断のプロセスを詳しく検討しており、東京高裁判決はその一審判決の内容をほぼそのまま支持して簡潔な文章とする形をとっている。その一審判決を見ると、公民館職員が理由としていた「政治的中立性」そのものについて、次のように判断している。「教育行政の基本は、政治的中立性が確保されること」にある。この点について、「本件俳句を本件たよりに掲載しないことにより、三橋公民館が、憲法9条は、集団的自衛権の行使を許容するものと解釈すべきとの立場に与している……ことになるという問題が生じるが、……この点について何ら検討していない」。つまり、ある政治的見解を掲載しないと判断したことが、別の政治的見解に賛同する意味合いになるという問題を検討しなかったことが、政治的中立に反している、とされたのである。

この九条俳句訴訟は、法律論としては、公民館の社会教育としての発行物のあり方に関する初の憲法判断ということになるが、同時に、より広い意味での「教育」「公の施設」における政治的中立性、公共施設利用に関わる政治的中立性の問題について社会的影響力を持つ判決となることが期待される。

なお、本件は被告側が、本件俳句の掲載を求め、最高裁に上告している（2018年8月現在）。

（3）「フェイク」と「ノスタルジーの政治」

事実の価値

この章の最初で、「知る権利」について取り上げ、政府関係者が公開する情報に民主主義を蝕む問題があることを見たが、一部の報道にも、事実を正確に伝えるものとは言いがたい内容があることが問題視されるようになっている。

たとえば、ＴＯＫＹＯ ＭＸが放送する番組『ニュース女子』が、現地での取材（事実確認）を十分に行わないまま沖縄の基地反対運動への中傷となる発言内容を放送したことについて、ＢＰＯ（放送倫理・番組向上機構）は放送倫理違反、人権侵害があったと指摘した（２０１７年12月14日公表）。

報道もときに間違うことはあり、読者・視聴者からの指摘を受けて訂正したり、名誉毀損で訴えられたりすることもある。これらは「表現の自由」がその「自由」の中に織り込んでいる部分であり、「表現の自由」には間違う自由もあると言える。しかしここで言う「間違い」とは、真摯（しんし）に事実確認や正確な記録作成に努めても、人間の行う調査や表現には間違いが起こりうる、ということであり、それに対する批判の自由が保障されているということも「表現の自由」における「自由」の重要な側面である。これに対して、読者・視聴者を誘導することを意図したものは、問題の次元が異なってくる。

近年ではこうした事柄が「フェイク」という言い方で取り上げられるようになり、事実情報として信頼できるかどうかを検証する「ファクトチェック」も行われるようになっている。たとえば、本来であれば報道の素材として認められる映像は、その場で実際に撮影された映像でなければならず、事後的にまたは別の場所で事実に基づいて再現した映像は、「再現イメージ」などのような表示によってその旨を明らかにしなければいけない。日本では放送法4条の規定に基づいて、こうした考えがおおむね共有されている。BPOもこれに基づいて指摘や勧告を行っているが、2018年現在、この条文を削除することが検討課題にのぼっているとも伝えられているため、日本の報道の信頼性をどのように確保していくのかは議論の的となっている。

このような関心から問題とされている事柄は、次のように類別できる。

①取り上げられた事実に誤りのある「誤情報」
②取り上げられた事実が存在しない「偽情報」
③誤り・不存在とまでは言えない「不正確な情報」
④誤り・不存在とまでは言えないが表現の仕方が誤解を招きやすい「ミスリーディングな情報」
⑤その事実を証明できない「根拠のない情報」
⑥その事実は誤っていたり存在しなかったりするかもしれないが、事実情報を偽って人を欺く(あざむく)

意図のない「風刺・冗談」

発信者の責任が問われるのは①と②である。また、③④⑤は本書の第2章で見た人格権との関係で、不正確な情報やミスリーディングな情報によって社会的名誉を傷つけられた人が名誉毀損を主張する場合がある。そうした場合に、⑤の根拠のない情報だった場合には、報道側は責任を免れない。⑥については日本には特段の法的保護があるわけではないが、こうした創作表現が報道倫理の問題として責任を問われることはない。しかし創作表現も、侮辱や名誉毀損やプライバシー侵害に問われる場合はある。

「ノスタルジーの政治」

事実情報を信頼できるかどうか、という問題は、民主主義の根幹に関わる問題である。その一方で、作家が描くフィクションにその時代の本質に迫る真実が描かれている場合もある。第1章で取り上げた『レ・ミゼラブル』でも『怒りの葡萄』でも、女性・老人・子どもに貧困や生活疲弊のしわ寄せが来る様子が重要なエピソードとして描かれている。時代と群像の大きなうねりを描きながら、そうした掻き消されそうなエピソードに密度高くフォーカスできることが、文学や映画の醍醐味である。

そこにフォーカス**しない**限りは、古い時代の家族は美しく郷愁を誘うものに見えるかもしれない。その美しさを懐かしみ、善き時代を取り戻そうという語り口によって大衆の支持を得ようとする政治手法は、「ノスタルジーの政治」と呼ばれる。こうした「ノスタルジーの政治」が社会を動かす傾向があることは、アメリカでもしばしば指摘される。「家族の価値」と、経済・軍事の両面で「強いアメリカを取り戻す」とするスローガンが社会的政治的影響力を発揮する、という現象は、アメリカにも日本にも共通する。

存在しなかった、あるいはミゼラブルな部分をカット編集されて美しい郷愁の色合いに演出された過去が、その編集や演出を共有できない者たちの躊躇や懐疑を封じてしまう「力」として働くとき、ここにはフェアとは言えない権力性が働いてしまっている。民主主義が熟議よりも感情によって動く側面があることは否定できず、ポピュリズムがそれ自体として憲法の趣旨に合わないとは言えないが、民意の感情的誘導が人々の自発的な思考や討論を抑え込むような力として働くようになると、憲法問題にもなってくる。

なんらかの社会像や家族像や学校像が「夢」として語られるぶんには、夢を語る自由は誰にでもあるのだから、それらはどれも対等に自由である。しかし「ノスタルジーの政治」は、《フェイクな過去》を語ることで、失われた善いものを取り戻す、そのためにそれを失わせた悪者を制圧する、という論理をとり、その制圧や排除に成功すれば失われた善いものが自動的に取り戻せる、という希望を有権者に与えてしまう。フェイクとヘイトは、こうした関連によって結びつきやすく、民主主義の社会、そして共存社会の成立を阻んでしまう。

ナチス政権の時代にはすべてのドイツ人に仕事があった、とその時代を懐かしむ言説は、この時代に一定の民族が「ドイツ人」のカテゴリーから排除され生存そのものを剝奪されていた事実を切り落とすことによって、美しい過去のように見えるかもしれない。たとえばドイツは、そのような成り行きを国家として避けるために、「ホロコーストはなかった」と公言することを法で禁じている。日本でも、強制結婚を承諾せざるを得なかった女子や「口減らし」のために姥捨て山に登った老女、家の恥になるからと監禁状態に置かれた病者や障害者の存在を記憶から切り捨てることによって、過去の家族は《美しき善きものだった》ということになる。そうしたフェイクが歩き始めると、社会が歴史の教訓を積み重ねて歩んできたことの意味が見失われてしまう。日本にはこの種のことを規制する法律はなく「表現の自由」に委ねられているので、そのぶん一般市民が意識を持つ必要がある。

民主主義とフェイク

こうした「ノスタルジーの政治」を考えていくと、「フェイク」の問題はここ数年に始まったことではなく、民主主義には《付き物》と言っていい問題であることがわかる。第5章で見る芸術統制の歴史からもわかるように、民意を誘導したいという誘惑には、為政者であれ挑戦者であれ、誰もがかられるものだからである。

民主主義の社会では、その構成員である《普通の人々》が判断と意思表示の主体なのだから、判断材料となるべき情報がフェイクであってはならず、信頼に値するものでなくてはならない。小説やドラマなどの虚構を創作する自由は誰にでもあるが、学術的検証の世界や民主主義における公共情報のように、創作が「捏造（ねつぞう）」と呼ばれて許されない場面というものがある。私たちは、「創作の自由」と、許されない「捏造」との場面の弁別をあらためて意識する必要に迫られている。

「どうせこれもフェイクでは」という冷笑的な姿勢をとる人が増えていけば、明日のために必要な民主主義の基礎体力は落ちていく。それを食い止めるための真実報道ルールや、政府の文書保管のルールの見直しなどが、必要となっている。

第4章 共存社会と「表現の自由」

ある表現が他人の人格権を侵害している場合、法に基づいた調整が必要となること、表現の側に制約が課される場合もあることを第2章で見た。一方、ある表現が特定の者の権利を侵害しているとは言えない場合でも、社会全体の安全や言論環境を守るために表現が規制される場合がある。また、社会の構成員が多様化し、あるいはもともと多様であったことへの「気づき」が広がりつつある中で、さまざまな構成員の平等な共存をはかるという観点から、規制が設けられたり、その必要性が議論されている事柄もある。

この章では、そうした規制を、私たちの生存に直結する事柄、という角度から考えてみる。高度に発達した社会では、情報は、生存に直結するライフラインである。災害時だけでなく、普段の日常生活の中でも、私たちは声を上げることができない状態に置かれたとき、簡単に生存の危機に直面することになる。また、多様な他者が隣り合って共存することとなった現代の社会では、共存の状態を守ることが、社会メンバーの生存の問題に直結する場面もある。

1　「生きるということ」を支える「表現の自由」

（1）共存社会──技術と文化

情報技術社会とライフライン

『スノーデン』（オリバー・ストーン監督、２０１６年）というドキュメンタリー映画がある。ここで語られるのは、プロフェッショナルの情報収集活動のあり方がどれほど私たちの私生活に細かく入り込んでいるかという問題なのだが、その背景として、私たちの生活インフラ（たとえば、電気・ガス・水道など）がどれほどに情報技術に依存しているかに気づかされ、はっとさせられる。この情報インフラを遮断してしまえばそこに暮らす人々の生活は成り立たなくなるのである。このことの重大性を、映画の中でスノーデン氏は訴えている。

そしてもう一つ。何かの危機にある人が「助けてください」と「言う」こと、それを社会に伝える手段があることがいかに重要か、という確信が、この映画を成り立たせている。ここでは主人公のスノーデン氏が置かれた状況を社会に知らせることも、この映画製作の重要な動機の一部になっているからだ。

私たちは、高度な技術社会に属していることの利便性を、そうとは意識しないほどに自明の前提として生活している。この現実を考えると、自分たちの生活を支えている共通の基盤を公共財（インフラストラクチャー）として守ることも必要になる。

まずは道路や公共交通機関（鉄道やバス）、電気、ガス、水道などが公共財の典型である。もしもこれらが突然に止まったりしたら、私たちの暮らしは大混乱に陥るだろう。夏の猛暑、冬の厳寒の中で空調がストップすれば、人の生死に直接に関わる。今日ではこれらの運営と供給は圧倒的に情報技術に依存している。これらを成り立たせている情報技術が止まってしまうと、上記のさまざまなインフラが実際に停止することになり、私たちの生活はたちまち混乱に陥る。これを人為的にひき起こす行為は、「サイバー・テロ」と呼ばれ、現在では安全保障上の主要な関心となっている。

このように情報テクノロジーとその他のテクノロジーが結びついた情報技術社会においては、こうしたことを防ぐためのサイバー・セキュリティが、私たちの文字通りの生存・共存を支えるものとして最重要視されている。つまり、私たちは、高度情報技術社会の中で生きることを選択するかぎり、共倒れしないために、つまり互いの生存を支えあうために、守らなければならないルールを共有する必要があるのである。

多様な文化の中での共存

社会の中で人間が共存するために配慮を必要とする事柄は、こうした技術的意味でのインフラだけではない。そうした物的なインフラ以外にも、私たちの生活・生存は無数の情報交換と相互関心の上に成り立っている。情報が自由に流通している状態、各人が自分のニーズについて自由に発信できる状態が、私たちの社会的生存を支えるようになってきているのである。

私たちは、何も言わなくても周囲が察してわかってくれるような、同質的なメンバーだけで作られた小さな世界に生きているわけではない。さまざまな価値観やライフスタイルや事情を持つ人々が流動する世界の中に生きている。

たとえば、チーズや大豆を食べたら生命の危険があるようなアレルギー体質の人がいたとき、会食の席でこのことを言わないでいることは危険かもしれない。一方、食事や食品を提供する側が使われる素材を教えないでいることは、そうした事情を持った人々に危険を押し付ける結果になる。現在では加工食品のパッケージには、そうした配慮から成分表示が義務付けられている。

こうした事情説明や情報開示は、生産者と消費者の間に必要なルールであると同時に、多文化社会の中の共存のためにも必要な作法となっている。多様な価値観やライフスタイルが共存する多文化社会の中では、さまざまな宗教上の習慣の違いなどを、善悪や優劣ではなく多様な文化のあり方の中の「違い」と見て、平等に尊重することが必要である。

そうした社会の中では、比較的弱い立場に置かれている人が圧迫されることを防ぎ、社会に属することの福利・恩恵を得やすくするために、配慮を行うことも求められる。たとえば、青少年に関する表現規制やさまざまな広告規制には、情報に対する判断力の強弱や格差への配慮が織り込まれている。

「犯罪」という言葉

社会の安全が脅かされる、だから法律で規制するというと、まず刑法による規制を思い浮かべるのではないだろうか。第2章で見た人格権侵害の場合には、誰のどの権利・利益が侵害されたのかが言えなくては、「表現の自由」への制約は認められない。しかし「それは犯罪です」と言える事柄については、誰のどの権利が害されているかを問うまでもなく、「それは刑法で犯罪とされている」という事実自体で、警察力によって規制が実行される。

犯罪を自ら行わなくても、言葉によって犯罪をそそのかすことは、「教唆犯(きょうさ)」という犯罪となり、正犯と同じ刑が適用されることとなっている(刑法61条1項)。たとえば「こんなことをやってみないか」と持ちかける、犯行方法の詳細を教えるといったことが教唆にあたる。直接に口頭で伝える方法だけでなく、出版やインターネット上の伝達なども含まれる。

ここで、たとえば殺人や傷害、窃盗など、誰が考えても犯罪として禁止することが当然と思われるような犯罪には、その教唆も禁止されることについて、「表現の自由」に照らして問題がある、とは思われない。また、殺人や傷害のような結果を不特定の人にひき起こすテロリズムについても、これを防止すべきだという考えに反対する人はいないだろう。

しかし実際の法律を見ると、「犯罪」とされているものの中には、そのように異論の余地のない凶悪犯罪だけでなく、「それを犯罪とすることは市民の自由を狭めすぎることにならないか」と議論されているものもある。本書の第5章で扱う「わいせつ表現」への規制はその一例である。「表現の自由」の大切さに照らして、刑法による規制という重い手段をとることが本当に必要か、と常に問う姿勢が必要である。

個別の事後救済か、法規制か

たとえば、交通ルールで言えば、実際に事故が起きて、誰かが損害を受けた事実に基づいて法的な救済がはかられる、というのが事後救済である。裁判による事後的な救済とは、こうしたことを言う。一方、そうした事故や損害がなかったとしても、信号無視やスピード違反などのように、違反自体に罰則があり、罰金や免許停止などの不利益が科される場合がある。法律や条例による「規制」とは、このようなことを言う。表現が他者の権利を侵害している場合には、第2章で見たような事後救済が原則で、法による規制はよほどの必要のある事柄に限られる。私たちは、ときに、そうした「よほどの必要性」について考える必要に迫られる。

（2）情報技術社会の中での共存

「知る権利」と生存情報

「知る権利」は第3章で見たとおり、民主主義にとってなくてはならないものだが、その国家が民主主義を選択しているか否かにかかわらず、情報技術社会の中に生きる私たちにとっては、自分たちの生命・生活そのものに直結する情報というものがある。災害大国と言われる日本ではこのニーズがとくに強い。２０１１年の東日本大震災や原子力発電所の爆発事故、２０１８年に起きた西日本の豪雨災害や北海道の地震は、このことをはっきりと認識させてくれた。また、第2章の「名誉毀損」の項目で扱った「ダイオキシン訴訟」（本書51ページ）では、報道側が名誉毀損に問われはしたものの、そこで扱われた報道内容は自治体のごみ焼却所が有害物質を施設外に排出していないか、という問題だった。放射線やダイオキシンなどは、人間の五感ではわからないものなので、国または自治体からの迅速で正確な情報提供・情報開示が必要である。

そのような「知る権利」を保障する方法としては、マスメディアの報道に規制や操作を及ぼさず、自由に取材および報道をさせることが求められる。同時に、国家や自治体の「情報公開制度」を活用できることも必要である。災害時にはこの両面において、国民を動揺させてはいけないという配慮から情報提供が控えられる傾向が見られる。しかし、２０１１年の東日本大震災およびこれによって起きた原子力発電所事故については、政府の率直な情報開示が遅れたことによって、国民の間で憶測や不安感から虚偽の情報が出回るなどの弊害が起きた。その一方で、インターネット（とくにＳＮＳ）を通じて現地の状況について自発的な情報共有と救援活動が進んだことも記憶に新しい。

高度な技術やサービスを実現している社会では、人は、一見孤立しても生きていけるようになったため、原始的な社会よりも簡単に孤立しうる。その中で、他者の助けを必要とする者の声を伝えることは、かえって困難になっているとも言える。たとえば、閉鎖的な空間の中で虐待やネグレクトを受けている児童や老人などのケースは、当事者が死亡してから大きな社会問題として情報が浮上する。ほとんどの場合、家族が処罰や社会的非難を怖れて、虐待やネグレクトの事実を最後まで隠そうとするからである。

憲法24条は、個人の生存が家族の中で犠牲になることのないように、「個人の尊厳」という言葉を敢えて明記している。この原則のもとでは、こうした家庭内弱者・施設内弱者の状況は、そのような結果に至る前に、外部に伝達されるべきである。この伝達の回路をどのように保障するか。現在すでに子どもの虐待の通報を受ける窓口はあるが、その拡充が求められている。こうした「生存」のための情報の問題については、私的自由の領域に国家が過度に踏み込まない、という原則確認をしながら有効な議論を進めていかなくてはならないだろう。

情報社会の安全を守るための規制

刑法上の犯罪規定には、具体的な個人の権利を守ろうとしているものもあるが（殺人や傷害、窃盗など）、個人の権利を超えた社会の安全を守ろうとしているものもある。その中には、情報社会の安全性・信頼性を守るための規制がある。代表的なものが、コンピュータに不正な指令を与える電磁的記録（コンピュータ・ウィルス）の作成・提供を処罰する規定（刑法168条の2及び168条の3）である。これによって、正当な理由なく、他人のパソコンやプログラム等に使用者が意図する動作をさせなかったり、意図に反する動作をさせたりするもの（ウィルス）を作成、提供した場合には、処罰対象となる（3年以下の懲役または50万円以下の罰金）。

また、火災や救急患者に関して消防署（電話119番）に虚偽の通報をした者は、消防法44条20号によって処罰されるか、軽犯罪法1条16号（公務員に対する虚偽の犯罪や災害の申告）、刑法233条（偽計業務妨害罪）によって処罰されることがある。他にも、航空機や航行中の船舶の安全を損なう虚偽情報の通報は、法律や国際条約によって禁じられている（「航空の危険を生じさせる行為等の処罰に関する法律」や「民間航空の安全に対する不法な行為の防止に関する条約」、「海洋航行の安全に対する不法な行為の防止に関する条約」など）。

災害時の正確な情報共有の重要性、虚偽情報・デマ情報の危険性からすると、一般人が事実ではない情報をネット上に拡散することも、人の生存に直結する問題となりうるが、現在のところこれは法による規制の対象とはなっていない。しかし規制されていないから自由だと考えるべきではなく、人の生存に関わる状況で、危険を増大させたり救助の妨害となるような情報を発信することは共存を危うくする行為なのだ、という知識を、一人ひとりが表現者の倫理として持つ必要がある。

2 多文化社会——マイノリティ性との共存

(1) 多文化社会とは

文化多様性と衝突のリスク

「(文化)多様性」とは、人種、民族、性別(ジェンダー、性的指向)、外見、文化的・宗教的慣習などさまざまな違いを持った人たちが、一つの文化への同化を強制されずに、多様なあり方のままで尊重され共存できる社会のことを意味している。「多文化主義」とも呼ばれる。

世界を見ると、女性の役割、教育の平等保障などの分野では、その社会の伝統文化(たとえば女子に低年齢結婚を課す習慣や、女子に高等教育を行わない習慣など)を尊重するか、憲法的な平等・自由を普遍的人権として保障するか、という衝突が起きやすくなっている。

また、社会が多文化に寛容になったことが衝突をひき起こしテロリズムを生んでいるとの議論もあるが、混迷する状況を「多文化社会の失敗」と見るのは性急にすぎる。コミュニケーション手段の発達と人の流動化が進んだ今日の世界では、地理的な棲み分け（排除）によって衝突のない世界をつくるというわけにはいかないため、そうではない方向で衝突を乗り越えるために、異文化理解の姿勢とルールの模索が必要とされている。

多様な立場にある人々の自己表現や意見表明は、不一致の存在を明るみに出すことになるかもしれない。これに対して真摯（しんし）な応答でなく侮蔑や暴力で応じた者がいた場合、その責任は、多様性を認める社会にではなく、その反応を起こした者にあると考え、その対処を根気強く議論していく必要がある。

海外では、宗教的信仰心を害されたことに端を発して深刻な事件も起きている。その代表例が2015年1月にフランスで起きた「シャルリー・エブド事件」である。これは、神アラーや教祖マホメットの姿を描いてはいけないというイスラム教の教義を無視して、多くのイスラム教徒の心情を害する風刺画を雑誌に掲載していた出版社「シャルリー・エブド」の社員多数が銃撃を受けて死亡したという事件である。銃撃による暴力的報復は絶対に許されることではないが、この事件をきっかけに、言論の自由と「宗教的侮辱」とのバランスを深く考える議論が高まった。日本も多文化社会として成熟していくにつれ、こうした課題を消化していくことが求められるだろう。

(2) ヘイトスピーチ規制

差別表現・ヘイトスピーチの「害」

差別表現とヘイトスピーチは第2章「差別表現・ヘイトスピーチと人格権」のところでも扱ったが、そこでは解決しきれない問題が残っていた。人格権侵害の問題は、個人への被害救済の問題である。そのため、被害者を個人(ないし法人)として特定できないタイプの差別表現やヘイトスピーチについては、裁判による救済が及びにくく、被害者の自助努力も困難が伴う。しかし、差別表現やヘイトスピーチの害には、個人の人格権侵害の角度からだけではとらえきれないものがある。むしろ、社会的共存に必要な心理的回路が壊れてしまう、あるいは遮断されてしまうというところに、差別表現やヘイトスピーチの真の害があると言える。

たとえば、災害か事故に遭って重傷を負った人Aがいたとき、そこに居合わせた人々に通常の共感の心理が働くならば、救急車を呼ぶ、安全なところに運ぶなどの救助をしようとするだろう。しかしもしもそこにAの苦痛を《同じ人間の苦痛》として受け止める感受性が働かず、無関心に素通りする気分が蔓延(まんえん)してしまったら、Aは助からない可能性が高まる。このような状況ではA自身も「声を上げたところで、さらにヘイトを受ける苦痛が増すだけだ」との恐怖感や無力感を抱いて沈黙し、共存社会の回路が塞がれていく。差別表現やヘイトスピーチは、それをひき起こす可能性が高いところに、看過できない問題がある。第二次世界大戦時のドイツにおけるユダヤ人や、１９６０年代までのアメリカ南部における黒人が、そのような状況に置かれていた。

つまりヘイトスピーチは、それらの言論を向けられた当人の人格に対する損害と同時に、マイノリティが沈黙してしまうことによる社会的マイナスを生み出す。社会の担い手として是正を求める声をあげるべき人々が沈黙してしまうこと、また社会がその問題を真摯に受け止める精神環境を見失ってしまうことにより、本来期待されている社会内の自己治癒力が働かなくなってしまうからである。

表現規制に踏み切る条件

「人種差別撤廃条約」の4条では、ヘイトスピーチを刑事罰の対象とするように各国に求めている。日本は、この条項をそのまま国内で法律にすることは憲法が保障する「表現の自由」に抵触するという立場から、この部分だけを留保したまま、条約に加盟している。

表現の自由に対する規制は（1）規制がどうしても必要な事柄に限って、（2）必要最小限度で行うことが求められる。ヘイトスピーチを規制する場合にも、（1）「どうしても必要」と言える社会状況が存在することと、（2）その解消改善のために「その規制がどうしても必要」と言える関連性があることを、日本の社会の実情に照らして認定するという精密な思考が求められる。

平等を目指す社会では、慣行として残っている差別を克服することは、個人の利益救済にとどまらない共同の課題である。しかし、そうした目的のために一般人の表現を法律で規制することは「検閲」または事前抑制となる可能性や萎縮効果を生む可能性があるために、原則として法規制にはなじまない。したがって、規制以外のもっと人権制約の度合いの低い手段で対処できるならば、そちらの手段を選ぶべきことになる。第2章の「アイヌ肖像権裁判」（本書67〜68ページ）の項目で述べたように、当事者が声を上げて発言者の不見識を正したり、社会に向けて啓発することができるような場合には、規制よりもそちらの道を生かす方策がとられるべきだろう。通常の差別表現は、こちらの道をとるべきと思われる。

これに対して、ヘイトスピーチの場合には、発言者に気づきを促すことだけで問題が解決するとは考えにくい。それでも社会がこのようなスピーチに対して十分に距離をとることができ、このような害を下火にしていくような自己治癒力を保てているようであれば、規制よりは個別の事後救済の道を確保することが望ましい。しかし、社会が十分に距離をとれているとは言えず、侮蔑や排撃の姿勢を無批判に共有していく傾向が認められるときには、ヘイトスピーチを法律ないし条例で規制する必要のほうが原則を上回ることになり、規制を定めることは憲法違反ではなくなってくる。

ヨーロッパの諸国は、人種・民族・宗教などの対立による紛争や地域内少数派民族への迫害を経験してきており、その残虐さからも、この問題に対する認識は厳しい。

日本でも1923年9月1日、関東大震災に続いて起きた「朝鮮人虐殺」という事件があり、ヘイトスピーチの結果、特定のアイデンティティを持つ人々が虐殺された歴史があることが証言などから明らかになってきている。そうなると、ヘイトスピーチが共存社会を壊す暴力を誘発する可能性について、日本社会は十分に距離のとれる精神的環境を守ってきた社会だ、とは言い切れない。こうしたことを繰り返さないために、との視点をまじえて、「どうしても必要」なところに絞り込んだヘイトスピーチ規制のあり方を議論していく必要が高まっている。

2016年には「本邦外出身者に対する不当な差別的言動の解消に向けた取組の推進に関する法律」(「ヘイトスピーチ解消法」)が制定された。

この法律には相談体制の整備、教育の充実、啓発活動などが定められているが、罰則規定は設けられなかったため、その実効性については議論が続いている。一例として、川崎市では、ヘイトスピーチ・デモを差し止める仮処分命令の申立てが裁判でも容認された事例がある(横浜地方裁判所川崎支部2016(平成28)年6月2日決定)。

社会に本来期待されている自己治癒力が働いているか、という観点から見るならば、社会的弱者が声を上げられないような《ヘイトスピーチの圧力》が働く《場》おいては、「表現の自由」の回復のためにこそ規制が認められることになる。このような《場》が生じていることを見定めて施策を講じるためには、この施策を地域社会の実情を把握しやすい自治体に委ねることに一理ある。しかしその方策は、ネット上の表現には対応できないという難がある。

2018年8月には国連人種差別撤廃委員会が、日本に関する報告を公表した。この報告では、ヘイトスピーチについては対策が限定的で不十分であること、集会などでの差別的言動を禁止するなどの対策強化が必要であることが述べられている。

ネット上のヘイトスピーチ

現在、ネット上には「●●人は◎◎だ！」（●●には民族や出身地を表す名称、◎◎には多くの一般人にとって共存できない昆虫の名前などが入る）のように、個人を対象としていないが、受け手がその当事者である場合に深刻な屈辱感を感じる書き込みが多数見られる。これらは特定の集団を貶（おとし）めるものではあるが、個々人（法人も含む）の権利侵害とはいえないため、当事者が裁判による救済（差止めや損害賠償など）を受けるのに苦慮するのが実情である。

こうした言論に対する規制としては、民事裁判による被害者救済のほかに、プラットフォーム事業者に削除義務を課すような規制（行政による規制）が考えられる。

ドイツでは、2017年にSNS対策法が制定され、SNSのプラットフォーム事業者に対しては、刑法で処罰の対象となる表現（ドイツではヘイトスピーチも刑法で処罰される）を速やかに削除する義務が定められた。

ヘイトスピーチの社会的有害性については、ほぼ共有された認識がある。しかし、ネット上のヘイトスピーチについて言えば、憲法の保障する「表現の自由」と「通信の秘密」の観点からは、国家が法律などによって削除義務を課すことには厳重な理論的フィルターがかかる。このフィルターをパスして憲法違反とならずに規制できる範囲は、非常に悪質なものに限られ、ヘイトスピーチをなくそうと努力している人々にとっては、期待したほどの効果は得られないかもしれない。また、先に見た「ヘイトスピーチ解消法」のように、各自治体に努力を促すというのでは、街路や集会所でのヘイトスピーチには対処できるが、ネット空間のそれには対処できない。

こうしたことを考え合わせると、プラットフォーム事業者が自主的な対策を講じ、社会の側（とくにユーザー）がそれを受け入れていく方向がもっとも実効的だ、との指摘もある。

（3）児童・青少年などへの配慮

発達途上にあることへの配慮

未成年者には、いくつかの権利制限がある。本人の判断能力が未熟なことを考慮して、本人の利益を害する危険の高い事柄を法によって遠ざけているのである。同時に成年者の側は、その種の事柄については、未成年者を対等な相手方として扱うのではなく、その利益を保護する立場に立つことが求められる。これも社会的弱者への配慮の一場面である。

青少年の健全な発達に配慮した規制としては、「青少年が安全に安心してインターネットを利用できる環境の整備等に関する法律」や、各自治体の青少年保護育成条例などによる制約が課され、「有害情報」「有害図書」への規制が行われている。

また、未成年者が犯罪に当たる行為を行った場合には「少年事件」と呼ばれるが、少年事件の報道では実名・顔写真などの本人推知情報を公表しないことが、少年法61条で求められている。これも青少年がまだ発達途上にあることへの配慮である（第2章、81〜82ページを参照）。

児童ポルノの禁止

満18歳未満の者を性的表現の被写体とすることは、当人の同意があっても、「児童ポルノ法」（「児童買春、児童ポルノに係る行為等の規制及び処罰並びに児童の保護等に関する法律」）によって禁止される（撮影・公表とも処罰される）。２０１５年からは、これに該当する画像の単純所持（販売目的でない自己のための所持）までが禁止対象となった。

自己決定能力のない幼年者を被写体とする性表現を禁止することは、児童を現実の性的虐待、性的利用から保護するために必要なこととして理解できるため、一般に憲法違反とは考えられていない。しかし、コンピュータ・グラフィックや漫画・アニメーションの画像に規制が及ぶことについては、憲法上問題がないかどうか、踏み込んだ議論が必要である。

Case 岐阜県青少年保護育成条例事件判決　最高裁1989（平成元）年9月19日判決

岐阜県青少年保護育成条例は、「著しく性的感情を刺激し、又は著しく残忍性を助長する」との理由で「有害図書」の指定を受けた図書を自動販売機で販売することを禁止している。この条例の憲法適合性が争われた判決で、裁判所は「青少年の健全な育成を阻害する有害環境を浄化する……必要やむをえない制約」としてこれを合憲とした。福島県の同様の条例に関する判決も、ほぼ同様の判決内容となっている（最高裁2009（平成21）年3月9日判決）。

（4）「ポルノグラフィ」をめぐる議論

現在の国際社会では、性道徳を守るという立法目的から「わいせつ」を規制するよりも、差別・虐待から女性や児童を守るために差別・虐待を助長する性表現としての「ポルノグラフィ」を規制することに関心が高まっている。日本では、青少年保護の文脈とは別に差別・虐待の防止を立法目的とする性表現規制法は、今のところ存在しない。

「表現の自由」以前の人権侵害

表現をめぐる社会問題の中には、「表現の自由」によって正当化することはできず、「表現の自由」以前の問題として禁止される事柄がある。

まず、「表現の自由」は、表現者が自由意思によってそれに関わっていることを前提としている。何かの表現活動に、当人の意思を無視して強制的に関わらせることは、表現の「自由」には当たらず、むしろ憲法18条「意に反する苦役の禁止」の考え方によって禁止される。複数の人間が共同作業で行う表現活動の中で、誰かが誰かに身体的強制を加えて意に反する表現を強制してはならない。これは、「表現の自由」を理由にして免れることのできない、「表現の自由」以前のルールである。たとえば、実写による性表現が、被写体の意に反して作成された場合には、その作成は被写体の肖像権を侵害しているだけでなく、強制わいせつ罪（刑法176条）にも該当する。このときこの違法行為を、「表現の自由」によって許容することはできない。

社会的効果に着眼した規制論

現在の国際社会の関心は、差別や虐待を助長する効果を持つ画像や動画を抑制し、これによって現実の差別や虐待を減らそうというところにある。2016年3月、国連女性差別撤廃委員会の日本への「見解」が公表された。この中には、女性に対する「性的暴力を描写したゲームや漫画などの架空（virtual）表現への販売規制」の提言が含まれている。

女性差別撤廃委員会の見解の中には、差別や虐待や児童の性的描写を内容とする表現（物）は、それらに対する社会一般の「許容度」を上げてしまうために、その流通を規制する必要がある、という見方が示されている。これは先に差別表現・ヘイトスピーチのところで述べた、人権尊重意識や人間的共感が社会から損なわれるという問題と同じ問題である。

ただ、ここで言われるポルノグラフィは、視覚表現を中心としているため、ヘイトスピーチのような言葉による排撃メッセージは含まれていない場合が多い。そうなると、見る者の人権感覚を損なうような影響や、マイノリティ（女性や児童）の主体意識をくじいてしまうような影響が実際にあるのかどうかは、かなりの部分、見る者の受け取り方にかかっていることになる。

表現規制の前に問うべきこと

その作品が、表現の受け手にとってさまざまな解釈の余地が開かれたものである限り、当該の視覚作品をただちに差別表現やヘイトスピーチやマニピュレート（人心操作）と見ることはできず、いくつかの要素が組み合わさって表現の受け手に別解釈の余地を与えないようなものとなっている場合にのみ、その表現物の抑制が憲法上許容されると考えるべきだろう。

国家が虐待・搾取・差別の防止という任務を果たそうとする場合、とるべき筋道は、第一に福祉政策である。たとえば、現実の児童虐待の実態把握と救済は、架空表現の遮断よりも難しく、人の力を要するデリケートな仕事である。国家が本来の筋道で十分な尽力をしないまま表現規制に乗り出してきたときには、いったん憲法違反とされるべきだろう。この表現規制は、「より人権制約的でない他の手段があるときにはそちらを選択するべきである」との考え方に照らしたとき、憲法に適合する条件を満たしていないからである。そして、福祉的・支援的政策を実施してもまだ社会状況が改善せず被害が後を絶たないという場合に初めて、国家や自治体は状況改善のためにこの種の表現物を規制できる、という考え方を提唱したい。

3 経済社会と「表現の自由」

(1) 表現も、経済の世界では制約が

経済社会における共存

私たちは、経済の社会に生きている。お金を必要とせずに、自給自足で食物を作り、家と家具も木材を育てるところから自分の手で作って暮らしている人はなかなかいないだろう。私たちは対価を得て働き、その対価を自分の「財産」とし、これを消費してモノを買ったりサービ

スを受けたりする。

こうした経済社会における共存のためには、使用者と労働者の間であれば労働に正当な対価が支払われること、消費者とモノやサービスの提供者の間であれば消費者が提供者に正当な対価を支払うことが必要である。また、他者の財産を損壊しないこと（器物損壊罪によって罰せられるし民法に基づいて損害賠償も求められる）、他者の利益を横取りしないこと（民法に基づいて不当利得の返還が求められる）、といったルールもある。こうしたルールを守らないと、労働提供者やサービス提供者が疲弊してしまい、経済社会が共倒れになってしまうおそれがあるし、略奪が横行する社会になってしまうかもしれない。このことは、書籍や音楽コンテンツ、映画コンテンツ、あるいは商品デザインといった表現物が経済価値を持って社会に流通する場合にも同じである。たとえば模倣被害（海賊版被害）を防ぐための知的財産ルールは、表現者と社会の共倒れを防ぐルールだと言える。クリエイティブな仕事の中でも、広告表現や商品のデザイン（プロダクト・デザイン）やその包装のデザイン（パッケージ・デザイン）は、表現であると同時に経済活動の側面を持つため、さまざまな規制を受ける。

法は、人間が精神的自由を必要とする存在であることと、経済活動を通じて現実の社会生活を営む存在であることの両面から、各種の権利を保護し、ルールを課している。「表現の自由」と経済社会のバランスを考えることも、共存社会を維持するために必要である。以下では、このような視点にたって、経済社会における「表現の自由」とルールについて、見ていこう。

規制の目的の消極・積極

たとえば食品衛生法によって義務付けられている原材料表示は、人の生命や安全や健康を守るための規制で、消極的規制と呼ばれるタイプの規制である。たばこのパッケージに「あなたの健康を害するおそれがあります」と表示する義務も、生産者やデザイナーにとって、活動の自由を著しく制約されるルールに違いないが、こうした観点から規制されている（たばこ規制枠組条約が発効した2005年以降、たばこの広告やパッケージは、たばこ事業法39条によって規定されている）。

こうした規制が憲法上の権利を制約しすぎているとして憲法違反に問われたときには、必要性（目的の正当性）が確認されなければならないし、この目的を達成するための手段も目的を外れたものであってはならず、可能な限り最小限にとどめることが求められる。

これに対して、福祉国家実現の一環として、過剰な格差を是正し経済的弱者を保護するために行われる規制がある。このタイプの規制が憲法違反に問われたときには、裁判所よりも国（立法府）の判断に委ねるほうが適切という考え（立法裁量論）がとられている。経済の世界における表現も、おおむね、このような考え方によって国の判断が尊重される傾向がある。情報弱者としての消費者を保護するための広告規制がここに入るだろう。

JIS マーク

モノのデザイン

ものづくりも、そのデザインは「表現」の側面をもっているし、物品を「つくる」こと自体も表現である。人が乗ったらバラバラに壊れる自動車をつくることも、美術作品としては自由だが、工業製品としての自動車や自転車、家電製品などの工業製品には高い安全性が求められる。こうした工業製品については、安全性を配慮したさまざまな基準を守る必要があり、欠陥品を出荷してしまった場合には、「製造物責任法」によって責任を負う。デザイン上の美しさよりもこうした責任のほうが優先されるため、これらのルールはデザイナーにとってみれば制約となるが、消費者の安全と経済社会における信頼維持のために必要なルールである。これらのルールが「表現の自由」への侵害になるとして争われた例はまだない。

日本では日本工業規格（ＪＩＳ）によって、一定の基準をクリアした製品にＪＩＳマークをつけることが許可され、これによって取扱店や消費者が安全な製品を識別できるようにしている。

また、パッケージ・デザインには、先に見たとおり、食品の原材料表示義務や、たばこのパッケージの警告表示義務など、消費者の健康や安全を守るために必要なルールとしての規制がある。

広告表現

企業が出す広告も「表現」なので、その内容は「表現の自由」の保障を受ける。しかし広告は経済活動としての表現という性格もあるため、政治的表現や芸術表現などとは区別して「営利表現」と呼ばれることもあり、消費者保護や公正な競争を守る観点からの制約を受ける。

たとえば景品表示法（「不当景品類及び不当表示防止法」）は、過大な景品類や虚偽・誇大な不当表示（不当表示）を禁止することで、消費者を不利益から守る。これとともに、他者を貶める広告（自社製品の優良さを示すために他社製品を劣等視させるような比較広告）を禁じて、企業間の公正な競争（市場秩序）を守っている。この種のルールとして、不正競争防止法による「不正競争行為」の差止め、医療法や、あん摩マッサージ師、はり師、きゅう師等に関する法律による「広告の制限」「広告禁止事項」、薬事法や宅地建物取引業法による「誇大広告の禁止」などがある。

広告表現については、情報弱者となりやすい消費者を保護するという観点からの規制は必要と考えられ、裁判で規制の合憲性が問題になったときにも、緩やかな基準で判断されている。しかし広告表現には、単なる営利にはとどまらない美的表現や、文化的魅力をもった創作性が含まれることも多いし、その企業の政治的姿勢を表していることもある。規制はこうした部分には立ち入らず、情報の適正性の観点に絞って行われる必要がある。

（2） 知的財産権の保護と「表現の自由」

知的財産権が重視される流れ

知的財産とは、人の精神的活動によって生み出された成果の経済的価値や文化的価値のことである。知的財産権とは、そうした成果価値に関わる権利のことである。絵画や音楽、アニメのキャラクターやファッション・グッズのブランド名、会社や店舗のロゴマーク・シンボルマークなど、こうした権利の対象は多岐にわたる。

知的財産権はその対象の性質に応じて、各種の法律によって保護されている。たとえば発明に関する特許は特許法で、デザインは意匠法で、商品名やロゴマークなどは商標法で、美術・文芸・音楽などの著作物は著作権法で保護されている。

現代社会は高度情報化社会であり、モノとは独立した「情報」（たとえばそのモノの作り方の情報）が価値を持つ。しかし盗んだり壊したりすればその損害（権利侵害）が物理的・感覚的にわかる有体のモノに比べ、こうした情報価値について生じる損害は、意識されにくい。この価値に対して誰が利益を得る資格を持つのかを「権利」として明らかにし、何をしたらその利益が正当に、または不正に扱われていることになるのか、というルールを決めているのが各種の知的財産法である。

模倣の防止と「まねび」の自由のバランス

発明やデザイン、絵画や音楽などの創作的な成果物は、模倣が行われると、創作・開発にかかったコストが回収できず努力が報われないことになってしまい、創作の意欲が減退してしまう。その結果、社会全体が安価な模倣品で手軽に利益を得ようとする方向に向かってしまい、長い目で見たときに、文化の進展や産業の発達が滞ってしまう。そこで、権利者に対して模倣から利益を守るための独占権を与える仕組みが、知的財産法の制度である。この仕組みの中で、権利者は、自分の生み出した成果を他人に使わせずに独占することもできるし、契約料などの一定の条件のもとに他人にこれを利用させること（許諾）もできる。さらに、この権利そのものを売ることもできる。このように、知的財産をどのように利用するかを権利者が自分で決定できること・他人が無断でこの財産を利用したときには差し止めることができることが、「権利の保護」ということである。

しかし私たちの社会は、実際には、無数の先人たちの創意と成果の積み重ねの上に存在している。学びは「まねび」とも言われるように、先人の成果を模倣し参考にすることが、文化や発展の重要な原動力ともなっている。このことを考えると、権利者の独占的な権利だけを一方的に保護することは、かえって文化や産業の発展を妨げてしまう。そこで知的財産法は、権利の保護期間を永久的なものとせず限定的なものとするなど、社会全体の発展をも視野に入れたバランスをとろうとしている。このバランスをどこでとるのが適正か、ということが常に議論となり、調整のための法改正も頻繁に行われている。

知的財産法のアウトライン

知的財産法は、さまざまな目的・さまざまな機能を担った法規の集まりだが、おおまかには、産業の発展を目的とした「産業財産法」のグループと、文化の発展を目的とした「著作権法」とに分けられる。

産業財産権のグループには、発明に関する権利（特許権）を保護する特許法、ややカジュアルな発明（考案）に関する権利（実用新案権）を保護する実用新案法、デザインに関する権利（意匠権）を保護する意匠法がある。また、経済市場の安定性や信頼性を守る目的で、商品名やブランド名やそれらに付けられるシンボルマークに関する権利（商標権）を保護する商標法がある。また、これらの保護をより確実にする目的で、模倣や産業スパイ行為を「不正競争行為」として禁止する不正競争防止法がある。

早まって公表すると……

経済社会のルールである産業財産法には、著作権法にはないルールもある。著作権法は出願や登録といった手続きを必要とせずに権利が発生する。一方、特許権や意匠権などの産業財産権は、出願し登録することで権利が発生する。そして出願を完了する前にその内容を社会に公表すると、権利が取れなくなる。

自分が開発した発明の内容や自分が考案した商品デザインを、多くの人に知ってもらいたいと思ったとき、これらを公表（表現）すること自体は法的にはいつでも自由にできる。しかしそのアイディアやデザインで特許権や意匠権を取ろうとしている場合には、出願前にその内容をネットや雑誌などで公表してしまうと、権利が取得できなくなる。それは「新規性を失った」という扱いになるからである。これは、大勢の人がすでに知って使用しているような技術やデザインを後から特定の企業が独占することは、経済市場を混乱させることになって望ましくないため、正当な制約だと考えられている。

多くの企業はこのルールを受けて、新規の発明やデザインについては、出願前の開発途中でそれを公表することを開発者やデザイナーに禁止する守秘義務を課している。これまでのところ、こうしたルールや契約が「表現の自由」への不当な制約になるとして争われたことはない。

先行他者の権利を侵害したら重い法的責任が

他者が考案した発明やデザインを模倣（真似）した場合はどうだろうか。

ある商品（たとえば自動車やバッグ）を自分の絵画の中に描きこむことは自由にできる。そうした商品と同じ外観の模写品（レプリカ）を、勉強のためにまたは自分で楽しむために作ることも自由である。

しかしこうした模写品を商品として販売する目的で、つまり「業として」「実施する」目的で作るときには、権利者の許諾をとらなければならず、たいていの場合、技術使用料やデザイン使用料を支払うことを条件として許諾が得られる（ライセンス契約）。無断でそれを行った場合には、権利侵害として重い法的責任を負う。模倣は、経済活動の世界で「業として」行うときには、経済活動の主体として相応の責任と制約があることを知っておこう。

本書では、産業財産権の全体にはこれ以上立ち入らず、直接に「表現の自由」との関係が問われる著作権法に絞ってそのルールの内容を見ていく。

4 著作権法

（1）保護強化の流れと「表現の自由」

「表現の自由」への支えと緊張関係

インターネット社会の発達や手軽に使える機器の発達によって、今ではすべての人が手軽に意見や情報の発信者となることができる。このため、表現者が知っておくべき各種のルールや倫理も、メディアに関わるプロのルールから、すべての人が知っておくべき社会ルールへと性格を変えてきた。この中で著作権法は、権利保護の強化と一般社会でのルール共有がとくに進められてきた分野である。

著作権法は一定の表現を禁止するような規制を行っているのではなく、他人の著作物を楽しむときや自分の表現活動に利用したいときに、著作権者に対価を支払う、許諾を得る、などのルールを守ることを求めている。そのように表現者の利益を保護するという形で、「表現の自由」を支援しているのである。しかし場合によってはこのルールが利用者の側の表現活動にとって負担となるため、この負担があるレベルを超えると、「表現の自由」への制約として意識されるようになってくる。そのような「表現の自由」と著作権との緊張関係も視野に入れながら、表現者一人ひとりにとって有益なルールとして、また第5章「文化芸術と『表現の自由』」の前提知識として、著作権法の概要を見ておこう。

インターネット社会と著作権保護

○「サイバー犯罪」と著作権

インターネットを手段とした犯罪のことを「サイバー犯罪」と言う。警察庁は、サイバー犯罪を「コンピュータ技術及び電気通信技術を悪用した犯罪」として、以下の3つに類型化している。

①ネットワーク利用犯罪……インターネット等を利用した薬物、拳銃、偽ブランド品、海賊版等の違法物品の販売、インターネットを利用した詐欺、わいせつ画像、児童ポルノの販売、頒布、電子メールや電子掲示板での脅迫、名誉毀損
②コンピュータ・電磁的記録を対象とした犯罪……コンピュータ・ウイルスに感染したファイルの送信、コンピュータ・システムの不正使用
③不正アクセス禁止法違反……他人のＩＤ、パスワードの不正取得、アクセス制御されているウェブサーバーへの不正アクセス

インターネットを使った著作権侵害も「犯罪」として、この中に含まれる。インターネットは私たちの生活の隅々まで関わる基本的なインフラとなっている。パソコンや携帯電話、スマートフォンなど、その便利さや気軽さから、使い方次第で自分が詐欺の被害者になったり、逆に著作権侵害の犯罪者になってしまうこともあるため、知識を得ておく必要がある。

○海賊版サイト問題
インターネット上の漫画の海賊版サイトによって損害を受けている企業が、著作権保護のために悪質ユーザーのアクセスの遮断に踏み切った。しかしこの遮断は、必然的に個々のユーザーの通信内容を調査することにつながるため、「通信の秘密」を定めた憲法21条２項に反する

ことになってしまう。憲法の趣旨を汲みつつ著作権保護を実現する方法が模索されている。

(2) 著作物とは

創作的な表現

著作権法で保護されるとは、「これには著作権があるので著作権法のルールを守ってください」と権利者が言えるということである。そのように言える「著作物」とは、「創作的に」「表現されたもの」のことである（著作権法2条1項1号）。だから、まだ表現されていない構想段階のアイディアや、表現された作品の奥にあるテーマ、コンセプト、学説、作風、表現の背後にある思想または感情は、「著作物」として扱われず、他人が真似ても、法的な問題にはならない。

また、表現されたものであっても、創作性があるとは言えないもの（列車の時刻表や料金表）は、著作物とはならない。型が決まっているあいさつ文なども、著作物とはならない。

小説を漫画化したものや映画化したもの、翻訳したもの、もともとの著作物に新たな創作（翻案）を加えて作成された著作物を、二次的著作物という（2条1項11号）。一般に二次創作とも呼ばれるものである。このとき、もとになった著作物を「原著作物」と呼ぶ。二次的著作物を作成するときには、原著作者に許諾を求める必要がある。いわゆる同人誌はこの点で、原著作者の好意的黙認によって成り立っていると言われる。

なお、憲法そのほかの法令の条文、裁判所の判決文は、著作権の対象とならないので、裁判所に許諾をとるなどの権利処理を行わずに利用することができる。

写真の著作物の著作物性

①絵画を撮影した写真

写真の場合、創作性のない技術だけで成立している写真は著作物とはならない。証明写真や、絵画を忠実に写し取った写真は、著作物とは認められない（絵画を撮影した写真については版画事件・東京地裁1998〔平成10〕年11月30日判決）。

一方、被写体に創作性がある場合をどう見るかについては、判断が分かれている。すいかの並べ方に工夫を加えた被写体を撮影者が用意した写真を見て、別の人が似た被写体を作って撮影した写真について、著作権侵害に当たるとされた例がある（みずみずしいすいか事件二審、東京高裁2001〔平成13〕年6月21日控訴審判決）。専門家の間でも、被写体の選択や並べ方等はアイディアに属するのではないかという異論もある。

原告作品　　被告作品

②写真からイラストを起こした場合

写真を参考にイラストを描いた場合はどうだろうか。神社の祭りの様子を撮影した写真を、カラーの水彩画で写し描いた絵が、著作権（翻案権）の侵害に当たるとされたケースがある（八坂神社祇園祭ポスター事件、東京地裁2008〔平成20〕年3月13日判決）。一方、人物写真の輪郭をおおまかに線でなぞった絵では著作権侵害が否定されている（創価学会写真ビラ事件、東京高裁2004〔平成16〕年11月29日判決）。

絵画や漫画の制作で、写真を参考にして絵を描くことは多い。いわゆる「トレース」の場合、構図、アングルをそのまま引き継ぎ、細部の描写まで写真を写し取って利用することになると、写真の著作物の複製または翻案となる可能性がある。

Case

原作のある漫画は――キャンディ・キャンディ事件

連載漫画『キャンディ・キャンディ』は、原作者が各回のストーリーを創作して小説形式の原稿にし、漫画家がその原稿をもとにして漫画を描くという方式で創作されていた。連載終了後、漫画家が原作者に無断で主人公を描いた描き下ろしのリトグラフや絵葉書を販売したところ、原作者は、描き下ろしイラストの作成（A）、表紙絵

（B）や連載漫画の一部であるコマ絵（C）の複製・配布の禁止を求めて提訴した。最高裁は、この漫画は原作者の原稿を原著作物とする二次的著作物であると判断し、A、B、Cのすべてについて原著作者の権利が及び、原作者の同意が必要であるとした（最高裁2001（平成13）年10月25日判決）。

この判決については専門家の間でも評価が分かれている。ストーリーとは無関係な絵や、連載終了後に描き下ろした絵については漫画家の独自の著作物と見るべきで、原作者の権利は及ばないと見る見解もある。

描き下ろし原画（A）

表紙絵（B）

コマ絵（C）

（3）何をやったら著作権侵害？——著作権の内容

著作権侵害とは

著作権は、著作物の利用を独占できる権利である。実際には、自己の著作物を他人が利用することについて対価と引き換えに許諾（OK）したり、拒否したりする権利として使われる。権利者に無断で法に規定された利用を行うと著作権侵害となる。ただし、創作的要素のない「ありふれた表現」の部分を真似た場合には著作権侵害とはならないし、結果的にたまたま類似した著作物ができあがったという場合も、著作権侵害とはならない。

Case 似ている絵画やイラストが裁判になったとき

たとえば、カエルのイラストで、目を大きく誇張して描いたというだけでは「ありふれた表現」なので著作権侵害とはならない（①）。他方、アイディアのレベルを超えて具体的な表現が共通すると、類似性ありと判断される。②がそうである。

①けろけろけろっぴ事件（東京高裁２００１〔平成13〕年１月23日判決）

原告画像

被告画像

②ＬＥＣ出る順シリーズ事件（東京地裁２００４〔平成16〕年６月25日判決）

原告画像

被告画像

著作者人格権

ここまではおおまかに、著作物には著作権があり、この権利をもつ者（著作権者）は著作権法によって保護される、と書いてきた。しかし著作権は細かく枝分かれした内容になっている。まずは人格的利益に関わる著作者人格権と経済的利益に関わる著作財産権とに大きく枝分かれし、それぞれのカテゴリーの中でさらに権利が細かく分かれている。

「著作者人格権」とは、著作物について、著作者の精神的・人格的利益を保護する権利のことで、公表権、氏名表示権、同一性保持権の3つの権利がある。さらに、著作者の名誉、声望を害する方法によりその著作物を利用する行為を禁止する行為（113条6項）も認められている。

公表権とは、未公表の著作物について、自分の著作物を公表するかどうかについて決定する権利である（18条）。たとえば、本人が公表する予定のない私的な手紙として書いた文章を、他人が無断で出版物に掲載して公表することは許されない（三島由紀夫手紙公表事件、東京高裁2000〔平成12〕年5月23日控訴審判決）。メールの内容をスクリーンショットで撮影したものを、本人に無断でネット上に公表する行為も、公表権の侵害となる。

同一性保持権は、著作物への改変を拒否できる権利である。著作者の意に反して著作物を改変すると、同一性保持権の侵害となる（20条）。たとえば絵画や写真作品を編集者が無断でトリミングしたり、背景を切除したりする場合や、音楽の歌詞を無断で変えることなどがこれにあたる。ある作品に新たな創作を加えてつくられる二次的著作物についても、原著作者の意に反する改変にあたる場合には、同一性保持権の侵害となる。

Case 漫画への論評と「やむを得ない改変」

漫画「ゴーマニズム宣言」の内容に批判・反論を加えた書籍「脱ゴーマニズム宣言」を執筆したYは、論評を行うにあたって、「ゴーマニズム宣言」の漫画カットを複数、無断で採録した。その際に、一部人物の顔に黒い目線を入れる変更を加えた部分について、裁判所は、人物の顔のカットをそのまま掲載するとモデルとなった実在の人物の名誉感情を害するおそれが高いので「やむを得ない改変」に当たると判断し、同一性保持権の侵害にはならないとした（脱ゴーマニズム宣言事件、東京高裁2000〔平成12〕年4月25日控訴審判決）。

被告画像

著作財産権

著作物にはそれぞれの著作物の性質にそくした利用形態がある。著作財産権は、その利用形態に応じて細かく枝分かれしている。

その中で身近で主要なものをいくつかピックアップすると、もっとも多く使われるのが**複製権**（21条）だろう。複写機でコピーするなど機械による複製はもちろん、手書きで写すことも複製にあたる。自分自身の勉強や練習のために他人の絵画を模写することは「私的複製」にあたるので自由だが、著作権者の許諾を得ずに不特定者に配布すれば、複製権侵害となる。

演劇や音楽には**上演権**、**演奏権**（22条）があり、映画には**上映権**（22条の2）がある。美術作品の展示には、**展示権**（25条）がある。

テレビ・ラジオの放送、インターネット配信については**公衆送信権**（23条）がある。あるコンテンツを無断でインターネットにアップロード（送信可能化）すると、そのコンテンツが別の誰かによってダウンロードされたかどうかを問わず、アップロードした時点で公衆送信権に触れることになる。

(4) 著作権の制限規定――自由利用のルール

著作権法は、著作物を一方的に権利者の独占下に置くのではなく、文化の促進を目的として、権利者と利用者の両方の立場を考慮し、バランスをとろうとしている。そのために、利用者の自由を優先して著作権者の権利のほうを制限する場面もある。そのうち、一般人の表現活動に直接関わるものを見ておこう。

私的複製、写りこみ

著作物は、個人的にまたは少人数に限定して使用する場合には、自由に複製できる。これを**私的複製**（30条）と言う。たとえばラジオからの音楽やテレビ番組を自分や家族で楽しむために録画したりする行為である。しかしインターネットからの録音・録画にはこのルールは適用されない。

また、彫刻など恒常的に屋外に設置されている美術の著作物および建築の著作物は、原則として自由利用が認められる（46条）。一方、室内での写真撮影に絵画が写り込んでしまうなどの**「写り込み」**については、平成24年の法改正でルールが新設され、①写真、録音、録画をする場合、②本来の撮影対象に付随して対象となる著作物について③それが軽微な要素である場合、自由に複製または翻案できることとなった（30条の2）。

引用

他人の著作物は、引用のルールを守れば、自分の著作物の中に挿入して利用することができる（32条1項）。学生や研究者にとってもっとも身近なルールである。①引用してよいものは、公表著作物の一部分である。ただし短歌や俳句、美術作品や写真作品は、全部の引用が許される場合もある。②引用は、公正な慣行に合致していなければならない。③引用は、報道、批評、研究などの引用の目的上、「正当な範囲」内でなければならない。必要のない部分まで利用することは認められない。④引用される著作物の出所を明らかにしなければならない。

Case パロディと引用

他人の作品を利用しつつひねった変更を加えたりして、ユーモアや批評といったメッセージを発信するパロディは、著作権法との抵触が問題となる。元となる著作物を批判したり揶揄（やゆ）したりするパロディ作品の場合は、事前に許諾を得られない場合が多い。

パロディに関する代表的なケースでは、雪山をスキーヤーがシュプールを描いて滑り降りてくる様子を撮影した写真に、パロディ作家が無断でタイヤの写真を合成して別の作品を作ったことが問題になった。最高裁は、引用といえるためには①明瞭区分性、②主従関係（引用する側の著作物が「主」、引用された部分は「従」の関係であること）、③原著作物作者の著作者人格権

被告作品

原告作品

を侵害しないこと、といった要件を満たす必要があると述べ、本件では②③が欠けているため引用とは言えず著作権侵害に当たるとした（パロディ事件、最高裁1980〔昭和55〕年3月28日判決）。

近年では、現在の著作権法の文言に即して「正当な範囲内の利用」と言えるかという見方で判断されるようになってきている。

教育・福祉、公共の観点からの自由利用ルール

教育に関しては、その必要性・公共性から、さまざまな規定が設けられている。たとえば、教科書への掲載（33条）や学校現場における複製（35条）が認められている。また図書館では一定条件のもとであれば、図書や専門誌をコピーすることもできる（31条）。

2018年5月の法改正で35条が改正され、学校が学習教材として利用する著作物を、補償金を支払うことと引き換えにインターネット上に公開してもよいというルールになった（改正前は教室内での使用は可能だったがインターネット上で共有することはできなかった）。このルールはまだ施行されていない（2018年8月現在）。

（5）権利の発生と権利保護期間

著作権は期間限定の権利

著作権には発生と終わりがある。著作権は、原則として、著作物が創作されたとき、登録などを必要とせず自動的に始まり、著作者の生存中およびその死亡後50年間、存続する（2018年8月現在）。映画の著作物については、公表後70年となっている。保護期間が経過した後は消滅して、その著作物はパブリック・ドメイン（共有財産）に属するものとなる。

一方、著作者人格権は著作者の死亡によって一応消滅するが、著作者の死亡後も著作者人格権の侵害にあたる行為は法で禁止されている。

保護期間をめぐる論争

海外では著作権の保護期間を著作者の死後70年としている国が多い。日本でも保護期間を延長すべきか否かが議論されている。ＴＰＰ（環太平洋パートナーシップ協定）などの国際条約の枠組みに日本が加盟するさいに、外国の多数に合わせて70年とするか、という議論である。

保護期間延長賛成派は、延長をすれば創作活動への意欲がさらに向上する点や、人間の平均寿命の延びに合わせて保護期間も延長させるべきだということを論拠として挙げている。他方、延長反対派は、表現の自由の過剰な制約になるという点、利用の難しい孤児著作物（権利の所在が不明な著作物）が増える点、これ以上延長したところでさらに創作意欲が刺激されるとは考えにくい点、延長しないほうがパブリック・ドメインを活用した再創造が促進される点などを論拠に挙げている。権利者の利益と利用者の利益、さらには表現の自由や文化の発展といったさまざまな視点から考えていく必要がある。

（6）著作物の利用と権利侵害・権利の行使

著作権処理

他人の著作物を利用する場合には原則として、その作品の著作権者の許諾を得なければならない。著作権処理とは、こうした著作権法上のルールに従って、法的な手順を踏むことである。以下の手順で考えるとわかりやすい。

1. わが国で保護される「著作物」か。 No→利用できる
　Yes↓
2. その著作物が著作権の保護期間内にあるか。 No→利用できる
　Yes↓
3. 著作権法上の自由利用OKルールに該当するか。 Yes→利用できる

著作権法30条から50条の規定のいずれかに該当する場合には、無許諾で利用できるが、これらの規定のどれにも該当しない場合には、原則に戻って、著作権者から許諾を得なければならない。

No ←

著作権侵害

ここまで見てきた著作権の内容について、法に反して著作権者に損害を与えたり不当に利益を得たりすれば、著作権侵害ということになる。著作権侵害に対しては、民事・刑事両面の責任が生じる。

現在のところ、著作権侵害罪は、被害者（著作権者等）からの告訴がなければ刑事責任に問われない（2018年8月現在）。このように被害者からの告訴を必要とするタイプの犯罪を「親告罪」という。

著作権法における刑事罰強化

著作権法の近年の傾向として、刑事罰が重視される方向にある。たとえば著作権侵害コンテンツを録音・録画する行為は、私的使用目的であっても著作権侵害となる（30条1項3号）。さらに、2012年以降、いわゆる「違法ダウンロード刑事罰」が追加され、違法にアップロードされた有償の著作物をデジタル方式で録画・録音（ダウンロード）すると、私的目的であっても刑事罰が課される（119条3項）。

また著作権侵害罪は、現在のところ原則として「親告罪」だが、近年、非親告罪化に向けた議論が行われている。前述のTPP（環太平洋パートナーシップ協定）が大筋合意に至り、その中で著作権侵害罪を原則として非親告罪にする方向が確認されている。非親告罪とすれば海賊版の摘発を強化できるというメリットがある反面、パロディや二次創作のように新たな著作物の創出に伴う著作権侵害が巻き込まれてくる可能性があることが危惧されている。現在のところ、すべての著作権侵害を非親告罪とするのではなく、「対価を得る目的又は権利者の利益を害する目的があること」など一定の要件を満たす侵害行為のみに非親告罪化の対象を絞り込む方向で検討がなされている。著作権法が、明日のアーティストを生み出す役に立つためには、「表現の自由」とのバランスを視野に入れた綿密な検討が求められる。

第5章　文化芸術と「表現の自由」

日本でも近年、文化芸術への関心が高まり、文化芸術として評価される事柄の裾野も広がっている。政府の積極的な政策によってアートが身近になり、また貴重な芸術作品が「文化資源」として大切にされる知的環境ができてきた。

その中で、私たち市民が芸術文化の恩恵を受ける自由や、表現者にとっての芸術表現の自由も、これまで以上に認知され、大切にされる機運が生まれている。しかしだからこそ、あらためて文化芸術と「表現の自由」の関係を問う必要が出てきている。国家が文化芸術を支援するさいに、支援によってかえって「自由」が狭められることのないよう、「表現の自由」の原則を確認する必要が高まっているのである。

1　法からの自由としての文化芸術の自由

（1）裁判に現れた「芸術性」問題

日本で「芸術表現の自由」に関する主張が法（裁判など）の場面で展開された場面を見ると、ある表現が法に触れるとされたときに、その表現が芸術であることを理由にその法的責任を免れることができるか、と問われる場面がほとんどである。

たとえば刑事裁判では、千円札の模型作品が通貨偽造行使（「通貨及証券模造取締法」）に当たるとして問題となった事例（赤瀬川事件、最高裁１９７０〔昭和45〕年4月24日判決）において、作家側がその作品の芸術性を理由として無罪を主張したが、裁判では退けられている。民事裁判でも、小説作品がプライバシー侵害に問われたさいに、作品の芸術性が斟酌（しんしゃく）される場面がある（後述）。「わいせつ表現」に関しては、裁判所の判断の仕方は、「芸術的価値」を考慮に入れる姿勢へと動いてきている。

ドイツの裁判所が芸術表現には特殊な考慮を払うことを出発点にしていることに比べると、

日本の裁判における「芸術性」の考慮の仕方は、狭いものにとどまっている。また、前章で見た著作権法との関係でも、たとえばアメリカでは「フェア・ユース」(公正な利用)の考え方が芸術作品の新たな創造を擁護する役割を果たしているのに対し、日本ではこうした規定の導入はまだ実現していない。

(2)人格権と芸術表現

第2章で、表現の自由と各種の人格権が衝突する場面について見た。そうした裁判の中で、その表現が人格権侵害にあたるかどうかを判断するさいに、作品の芸術性を考慮する場面が見られる。ここでは、そのように「芸術性」が取り上げられた例をいくつか見てみよう。

美術批評と名誉毀損――「佐伯祐三贋作事件」

美術品の真贋(しんがん)に関する論評が名誉毀損に問われることはありうる。

批評家Yが、自身の書いた書籍『骨董の真贋』の中で、Xが所有する佐伯祐三の絵画作品は贋作だ、と述べた。贋作と言われた絵画の所有者Xは、著者Yとこの書籍の出版社に対して名誉毀損の訴訟を起こし、慰謝料の支払いと民法723条に基づいて謝罪広告の掲載を求めた。

裁判所は、①その書籍の記述内容は原告の社会的評価を低下させると認めたが、②この記述はYがこの事実を前提として意見ないし論評を表明したものであり、③その前提事実は真実であると認められるので、Ｙの行為には違法性がなく名誉毀損による不法行為責任は成立しないとした（東京地裁２００２〔平成14〕年７月30日判決）。

美術専門家が、自己の芸術的知見や信念に基づいて、ある作品の芸術的価値について論評することは「事実」ではなく「見解」の表明にあたるので、名誉毀損にはならない（第２章参照）。しかし美術品の真贋に関する鑑定の場合は、その鑑定所見は「事実」にあたるので、本物だと信じられていた作品を贋作だと述べることは、その作品の所有者への名誉毀損になる可能性がある。

しかし、ある美術作品の価値は公共の関心事にもなりうるので、これに関する専門家の鑑定や批評は、刑法２３０条の２の免責の対象となりうる。公共（社会全体）のために公正な鑑定や論評を公表した場合には、それが真実だった場合（真実と信じるに足る相当の理由があった場合）には、名誉毀損は成り立たないと言うべきである。

プライバシーと芸術性

文芸も言語芸術として、芸術の分野に入る。とくに小説作品は、創作芸術という点で、絵画や映画と多くの共通点を持つ。

第２章でも紹介した「宴のあと」事件（本書54ページ）では、作品の芸術性からプライバシー侵害は成立しない、との主張が被告から行われたが、裁判所はこの主張を退けた。一方、モデル小説がプライバシー侵害に問われた事例で、作品の「芸術的創造力」を考慮してプライバシー権の侵害を認定しなかった例として、「名もなき道を」事件判決（東京地裁1995〔平成7〕年5月19日判決＝請求棄却、1999年3月8日和解成立）がある。

この判決については、芸術性の有無・高低の判断は裁判所の判断になじまないのではないか、との疑問もある。筆者自身は、この種の事例では「芸術性」を問わなくても、肖像権侵害の認定と同じ思考に立って、創作的要素が加味された結果「本人特定性」が十分に薄まっているならば権利侵害に問わないこととすれば足りると考えている。しかし作品が真摯（しんし）な作家的精神によって成立しているものであるとき、これを法の世界が汲み取ろうとする姿勢が示された事例だという意味では、文学や芸術の世界に大きな意味を与える判決である。

これに対し「石に泳ぐ魚」事件では、当人を知っている人間がこの小説を読めば人物を特定できる書き方になっていた点、小説家が個人的な知人として知りえた情報を小説内で無断で公表していた点を併せてプライバシー侵害が認められている。これは、「名もなき道を」判決で言われた「芸術的創造力」による抽象普遍化・匿名化（本人特定性の除去）が不十分だったケースと言える。また、モデルとなった人物に許諾を求めていなかった点で法的責任を免れないと見ることは、肖像権や著作権などで採られている考え方から見ても妥当だろう。さらに言えば、このケースでは作家側が問題となった箇所の表現を改めた修正版を作成して単行本の出版を実現しており、この事件での裁判所の「差止め」の判断は作品そのものを完全に封殺するものとはなっていない点で、妥当と見ることができる。

（3）性表現規制と芸術性

日本の性表現規制法

日本の法律には、多くの性表現規制の規定がある。刑法175条は、わいせつな文書、図画、電磁記録などを人々に頒布、販売、陳列、送信することを禁止し、また、人目に触れずプライベートに所持していた場合にも販売の目的での所持を禁止している。

次に、18歳未満の者を被写体とする性表現は「児童ポルノ」として処罰される（第4章）。海外から輸入される物品については、関税法69条の11の1項で、「公安又は風俗を害すべき書籍、図画、彫刻物その他の物品」（7号）と「児童ポルノ」（8号）の輸入が禁止されている。このうち、「公安又は風俗を害すべき……物品」については刑法175条「わいせつ」に当たる物がそのままこれに当たると考えられている。

また、青少年の健全な発達を守ることを目的とした性表現規制としては、「青少年が安全に安心してインターネットを利用できる環境の整備等に関する法律」や、各自治体の条例がある。このようにたくさんの種類の規制法があるが、差別や虐待を助長する表現を問題視する観点からの規制は行われていない（2018年8月現在）。

今後は、実写表現と架空表現との区別を問わずに差別や虐待や犯罪を助長するタイプの性表現を規制するか、規制するとしたらどのような判断基準で、どのような規制方法で規制するか、という問題が議論されていく必要が高まると思われる。そのときには、漫画・アニメだけでなく多くのジャンルの芸術表現がこの議論に関係してくることになる。東京都の「青少年の健全な育成に関する条例」7条にある漫画・アニメ表現における「図書類等の販売等及び興行の自主規制」のようなタイプの規制について、規制の必要性や実効性に関する議論がより必要となってくるだろう（有害表現としての性表現規制問題については、第4章146～149ページを参照）。

「表現の自由」の対象外？

わいせつ表現規制は、表現の送り手と受け手との合意による流通を禁止している点で、直接の被害者がいないため、不必要な規制ではないか、また規制対象が広すぎるのではないかという疑問が出されてきた。これに対して、裁判所が採用する規制理由は「最小限の性道徳の維持」が憲法13条「公共の福祉」に含まれるというものである（「チャタレー夫人の恋人」事件）。見たくない者や、子どもに見せたくない親の「自由」を守ることは必要だが、その観点からは、消費者への告知を義務付けたり、見たくない者に遮断技術を提供したりする方法で目的が達せられるものもある。しかし、現在の判例や多くの学説の立場からすると、そのように手段のあり方を問う思考ステップが抜け落ちてしまっている。

日本の判例を見ると、初期には「公共の福祉」による制約は受ける、との粗い理由づけのもとにその制約が認められていたが、1960年代以降は「表現の自由」の優越性を認識する方向に進展した。しかし日本の性表現規制裁判を見ると、「わいせつ」規制（刑法175条）と有害表現規制の両方が、規制の合憲性を厳格には問わない形で判断されている。つまり目的に対して規制のあり方が過剰ではないか、的が外れていないか、と問うステップが抜けた状態で合憲判断が出されることになる。わいせつ表現や有害表現は、「表現の自由」の理論からいったん外された表現カテゴリーとして扱われ、その中で個別に見て「芸術的価値がある」と言えるものに限ってこの規制（処罰）を免れさせる、という考え方がとられているのである。

アメリカの裁判例を見ると、「わいせつ」についてはこのような「対象外」の扱いがされているが、差別の助長を防ぐ目的での性表現規制については、規制の目的と規制方法の両方について「その規制がどうしても必要か」と問う「表現の自由」の理論が採用されている。

Case わいせつ表現規制と芸術性をめぐる裁判例

◆「チャタレー夫人の恋人」事件

D・H・ロレンス原作の小説「チャタレー夫人の恋人」が露骨な性描写の場面を含むとして、翻訳者および出版社が刑事告訴された事例。表現の自由が手厚く保障される日本国憲法のもとで、戦後初めて文学作品に刑法175条が適用された事例だった。ここでは、「羞恥心を害すること」「性欲の興奮・刺戟を来すこと」、「善良な性的道義観念に反すること」が「わいせつ」とされた（最高裁1957〔昭32〕年3月13日判決）。

◆ロバート・メイプルソープ写真集事件

最高裁は、芸術写真家ロバート・メイプルソープの写真集（国内で出版され海外に持ち出されたもの）を処分対象にした税関検査につき、このような芸術表現については処分すべき物品に当たらないとした（最高裁2008〔平成20〕年2月19日判決）。

◆ろくでなし子事件

被告（作家名「ろくでなし子」）は、2014年、都内アダルトショップに女性器をかたどった立体造形物を展示した。また、3Dプリンタによって女性器をかたどった写実的な立体造形物が再現できるデータを送信し、このデータを記録したCD-Rの販売も行った。被告は造形物の展示について刑法175条「わいせつ物陳列罪」、データ送信と販売について同条「わいせつ電磁的記録等送信頒布」、「わいせつ電磁的記録媒体頒布」に問われた。一審で東京地裁は、写実性が薄く装飾の要素の多い造形物の展示については芸術性を考慮して「無罪」、データの送信とCD-R販売についてはは芸術性によってわいせつ性が緩和されたとは言えないとして「有罪」とした。2018年6月現在、無罪部分は確定、有罪の部分だけ最高裁に係属中（東京高裁2017〔平成29〕年4月13日判決、判例集未搭載）。

2 文化芸術支援と「表現の自由」

（1）文化芸術支援とは――

芸術と法の関係も消極的自由から積極的支援へ

芸術表現の自由は、「一切の表現の自由」を保障した憲法21条のもとで、当然にその自由の保障を受ける。また、「表現」というはっきりした形をとらないにしても、文化を楽しむこと（文化享受の自由）は、少なくとも憲法13条・幸福追求権の一場面として保障を受ける。その出発点は、国家が表現活動に対して妨害、強制、介入をしてはならない、という消極的自由だった。

しかし文化・芸術については、「国家による自由」、つまり国家が制作費を支援したり無料または安価で使用できる展示会場を提供することで作家の活動の自由度を広げることが重要度を増している。現在では国や自治体がこの方向で積極的な支援を行う場面が増え、日本でも文化芸術に関連する法律は21世紀に入ってから急速に増えている。

文化芸術支援には、もともとあった支援として、図書館、博物館、美術館、公民館など、国民の文化的生活を支えるためのインフラがあり、学校教育や社会教育に関する法律がその基礎づけとなってきた。これに加わる新しい流れとして、「クールジャパン」などの文化芸術活性化の積極的政策が行われている。その基礎づけとなるのが「文化芸術基本法」である。

文化芸術基本法

文化芸術に関わる施策については、「文化財保護法」、「スポーツ振興基本法」などの法律が早い時期から存在していたが、全体を見渡してその理念や方向性を定める法律は、21世紀に入ってから制定された。まず「文化芸術振興基本法」が2001年に制定され、これが2017年に「文化芸術基本法」へと改正された。その1条には、この法律の目的が明記されている。

> **第1条**　この法律は、文化芸術が人間に多くの恵沢をもたらすものであることに鑑み、文化芸術に関する施策に関し、基本理念を定め、並びに国及び地方公共団体の責務

等を明らかにするとともに、文化芸術に関する施策の基本となる事項を定めることにより、文化芸術に関する活動（中略）を行う者（中略）の自主的な活動の促進を旨として、文化芸術に関する施策の総合的かつ計画的な推進を図り、もって心豊かな国民生活及び活力ある社会の実現に寄与することを目的とする。

施策の目的となる「文化芸術」については、定義を掲げて限定することをせずに、その意義を確認するにとどめている。また、ここでの「促進」はあくまでも活動者自身の自主性を前提として、国や自治体はそれを応援する役割を引き受ける、という関係になっている。国家が特定の政策推進のために芸術家やデザイナーや一般国民に協力を強制するようなことがあれば、この法律の理念に反することになる。また国家が参加する芸術家や競技者に国家への忠誠を示す特定行為（君が代斉唱や特定人物への敬礼など）を強制することも、この法律やオリンピック憲章の理念に反することになる。

支援を前提とした「自由」の構築

文化芸術と「表現の自由」との関係は、「国家からの自由」（規制からの自由を考える場面）と「国家による自由」（資金援助や会場提供などの給付を受ける場面）の二つの側面を持つ。「国家による自由」、つまり国家が費用や会場について支援することで作家の活動の自由度を広げようというとき、同時に、こうした場面で国家がどう振る舞うべきかが新たな問題となってくる。ここでは、国家の支援を受けるからには国家の意向に従うべきだとする考え方ではなく、国家の「公」としての役割と中立性を確認し、支援を受ける芸術家が支援を前提としてもなお保障されるべき「自由」があることを確認することが必要となっている。

芸術表現や特定の作家に対して国家・自治体による支援が行われるということは、それ自体で国家がある芸術ジャンルやある作家を是認・応援しているという社会的メッセージとなる。文化芸術支援のための財源にも限りがある以上、ここで何らかの選別が働くことは避けられないが、だからこそ、支援の対象として特定の者が選ばれるとき、その理由は政策担当者の個人的な選好（好き嫌い）ではなく、公共的な観点からの説得性が必要となる。日本はこのことに十分自覚的だろうか。

「文化芸術の権利」

日本国憲法における「表現の自由」保障は、「一切の表現」の自由を保障しているため、「芸術の自由」も当然にこの中に含まれると了解されてきた。この意味での「芸術」については、とくに定義は語られてこなかった。

「文化芸術基本法」も含めて、日本の法律で積極的に「文化」「芸術」を定義したものは存在しない。これは法が文化芸術の発展可能性を不用意に限定してしまうことを避けるという点では賢明な姿勢だが、国家が支援するということは、国民の税金を投入することになるため、国や自治体が何を振興・促進しようとしているのかが明確でないということは、事柄の公共性に照らすと疑問もある。とくに経済に関わる広範な「関連分野」における施策を取り込むことが目指されているとなると、その影響の大きさ・深さを考えたとき、立憲主義的な抑制を視野においた議論も必要となる。

また、この法律の2条3項には、「文化芸術を創造し、享受することが人々の生まれながらの権利であること」が明記され、国民がこの権利を享受できるような環境の整備を図る国家・自治体の責任が明記されている。この「生まれながらの権利」という言葉は憲法の「人権」を強く連想させるが、「文化芸術を創造し享受する権利」とくに「文化芸術に関する政策を享受する権利」を憲法上の権利として考えるかどうかについては、他の権利と衝突したり優先度が問われる場合（たとえば同じ憲法25条「健康で文化的な最低限度の生活」の保障の中でも、生活水準が落ち込んでいる人々への政策を優先するのか、文化芸術施設の建設などを優先するのか）を視野に入れた議論が必要である。

（2）文化芸術を支える施設と「表現の自由」

博物館、美術館、図書館

文化芸術には場所ないし空間が必要である。とりわけ、文化芸術が社会に向けて成立するためには、文化芸術の提供者とその享受者が出会う場所が不可欠となる。そうした空間としては、博物館、図書館、美術館、映画館、公民館、大学などの教育施設、音楽ホールやライブハウス、スポーツ競技場、ダンスホールやクラブ、マスメディア、インターネット上の仮想空間、そして公園や路上などのパブリック・フォーラムなどが挙げられる。このうちとくに博物館と美術館と図書館は、文化芸術を支えるために公共的な意義を担う制度的な施設として、法律上の根拠と運用ルールが与えられてきた。

日本では、美術館は法令上、博物館の一部として位置づけられている（「博物館法」2条1項）。このうち、国立美術館についてだけは、「独立行政法人国立美術館法」によってその組織立てと活動目的が定められている。各地方自治体の公立美術館については、各自治体が条例によってその目的や組織や運用ルールを定めている。現在では美術館の運営にも採算が求められるようになっているが、この流れの中で、営利目的のエンタテイメントとは異なる美術館独自の存在意義と原理原則を確認することも同時に必要であり、この点で美術館関係者が自主的にこうした美術館の意義を確認した声明として、「美術館の原則」（全国美術館会議ホームページ掲載）がある。

図書館の社会的役割については、まず図書館法の1条で、図書館が「社会教育法」の精神に基き、国民の教育と文化の発展に寄与することを目的とすることが明記されている。そして社会教育法の9条1項で、図書館が博物館とともに「社会教育のための機関」と位置づけられている。

Case 図書館図書廃棄事件

公立図書館の職員（司書）が、「新しい歴史教科書をつくる会」の執筆・編集による図書107冊を自己の価値観によって廃棄した。最高裁は、公立図書館の職員は「独断的な評価や個人的な好みにとらわれることなく、公正に図書館資料を取り扱うべき職務上の義務を負う」とした上で、図書館職員がこの義務に反する取り扱いをしたことによって、図書の著作者の人格的利益が侵害されたと判断した（最高裁2005〔平成17〕年7月14日判決）。

最高裁は、公立図書館を、「住民に図書館資料を提供するための公的な場」であり、「そこで閲覧に供された図書の著作者にとって、その思想、意見等を公衆に伝達する公的な場」と位置づけた。そして、「公立図書館の図書館職員である公務員が、図書の廃棄について、基本的な職務上の義務に反し、著作者又は著作物に対する独断的な評価や個人的な好みによって不公正な取扱いをしたときは、当該図書の著作者の上記人格的利益を侵害するものとして国家賠償法上違法となる」とした。

文化芸術を支える専門職――学芸員とキュレーター

博物館法4条3項は、「博物館に、専門的職員として学芸員を置く」と定め、同条4項は、「学芸員は、博物館資料の収集、保管、展示及び調査研究その他これと関連する事業についての専門的事項をつかさどる」と学芸員の職務を定めている。この規定によって、美術館には専門職としての学芸員が置かれている。

美術館もまた表現活動の主体である。ここでは、美術館での収集・保存・展示について判断をする専門職（学芸員やキュレーター）が決定的な役割を果たす。また、近年の美術展では、「キュレーター」が活躍する場面が多くなったが、これは学芸員とは別に、作品の展示を企画し編集する人を指す。

近年では、自治体との連携による文化事業が盛んになり、さまざまな地域でアートプロジェクトが行われ、芸術表現の「場」が広がってきている。また、インターネット上に美術表現の収集・保存・展示の場を構築する「デジタル・アーカイブ」も盛んになってきた。この流れの中で、学芸員やキュレーターの仕事の内容も広がることが期待されている。

（3）文化芸術における「公」と「私」

文化芸術における私的自由と公的政策

文化芸術には、芸術家各人の自由な自己実現という側面（私的な側面）と、社会に共有される公的な価値という側面がある。

文化芸術の私的な側面としては、個人の自己実現として自由に表現された芸術作品が、愛好や所有や取引の対象となる、という場面がある。オークションなどがその一場面である。

一方、文化芸術は、国民の精神面での豊かさを広く支えるという観点から公共的な意義があると考えられてきた。そのために公立の図書館や美術館があるし、オリンピックの参加や開催も国家的関心事となる。これに加え、国外に日本の文化的価値を認知してもらうことで国内のさまざまな経済活動を活性化しようという経済成長戦略（クールジャパン）が加わり、文化芸術支援は今日の日本にとっては公共事業の一分野となっている。

このような流れの中で、もともとは私的空間における活動であるものについて、私人同士の権利関係に適切なバランスを与えるために国家が特別な調整のルールを策定する、という場面がある。著作者の権利と文化のバランスを考慮した著作権法は、もともとそうした発想に立った法律だったが、これをさらに促進する目的を持った「コンテンツの創造、保護及び活用の促進に関する法律」（２００４年制定）が定められた。ここで言う「コンテンツ」とは、映画、音楽、演劇、文芸、写真、漫画、アニメーション、コンピュータゲームなどのことで、ここでは私的な消費活動として扱われてきたエンタテイメント文化が、公的・政策的な関心事となっていることがわかる。

また、美術品の取引や展覧会のための運搬などにはさまざまなリスクが伴うが、もともとは関係者の自己責任に委ねられてきた事故損失などのリスクを、国が法律によって調整することで、美術品取引や展覧会開催の促進を図っている。

「クールジャパン」

このように現在では、国家が文化芸術を促進・奨励の対象とするという流れが進んできている。この流れの一つの例として、「クールジャパン戦略」がある。これは、日本で生まれたポップカルチャー（大衆文化）が海外で人気を得て「クール」と呼ばれていることから来た言葉である。若者のファッションや、アニメやゲームなどがその中心を占める。これを政府（内閣府）が日本の成長戦略の一つとして取り上げた。この「クールジャパン戦略」は、次の5つの視点によって展開されることとなっている。

①「デザイン視点」……クールジャパンに係る各種取組について、商品・サービス等に「感性価値」（意匠や質感など）を加え、魅力を高める。
②政策・事業の連携……関連する取組みを、官民・業種間の垣根を超えて相互に連携させる。
③人材……クールジャパン関連分野の人材を世界中から日本に引き付けて創造性を高める。
④外国人の視点……日本ファンの外国人や影響力のある外国人と協働することにより、海外に日本の魅力をわかってもらう。

⑤地方の魅力……地域のクールジャパン資源を発掘し、海外で受け入れられる「商品」となるようプロデュースする。

こうした流れを推進するために内閣府の主導で官民ファンド「クールジャパン機構」が発足し、アニメやゲームなどのコンテンツ、ファッションに加え、日本食、伝統工芸、伝統文化、自動車などを投資対象として支援している。一方で、これを投資と連動させた結果、投資分の回収が難しくなっている事業も見られ、地域によっては疲弊が見られるとの指摘もある。

（4）文化支援の中のオリンピック

オリンピック競技は、最も公共性の高い文化事業の一つである。文化庁も「オリンピック・パラリンピック競技大会は、スポーツの祭典であると同時に文化の祭典でもあり、我が国の文化芸術の価値を世界へ発信する大きな機会であるとともに、文化芸術による新たな価値の創出を広く示していく好機でもあります。」と、その文化芸術的価値を確認している（文化庁ホームページ「文化芸術基本法」解説を参照）。

実現しなかった「ゲイ・オリンピック」

「オリンピック」という言葉の使用をめぐって、1980年代アメリカでは、こんな裁判があった。同性愛者の団体が同性愛者のイメージ向上のために「ゲイ・オリンピック」という名前のスポーツ・イベントを企画したところ、アメリカ合衆国オリンピック委員会（ＵＳＯＣ）がこの企画で「オリンピック」という言葉とシンボルマークを使用することを認めず、その使用を差し止めた。これに対しイベント企画団体は「表現の自由」と「平等」に基づいてこの差止めの取り消しを求める訴訟を起こしたが、判決は、商標権者に許諾権があるという知的財産権の考え方によって、この差止めを支持した（S. F. Arts & Athletics, Inc. v. United States Olympic Committee, 483 U.S. 522（1987））。

「オリンピック」という言葉や五輪マークは、公共性の高いシンボルという側面と、その使用許諾を権利者の判断に委ねる、という知的財産の側面との両面を持っている。この判決は、そのバランスについて考えさせられる事例である。この事例は１９８０年代のものだが、今日の人権感覚に照らしてオリンピックの社会的・国家的公共性を考慮するならば、人種や性別や性的指向を理由とした差別が起きないよう配慮する見識が、政府とオリンピック開催関係者に求められるだろう。この点で、疑問のある判決と言える。現在、このスポーツ・イベントは、「ゲイ・ゲームズ」という名称で定期的に開催されている。

オリンピックをめぐる模倣表現の問題

２０２０年開催予定の東京オリンピックのエンブレムのデザインをきっかけとして、《模倣》の問題が人々の注視を集めたことは記憶に新しい。しかし模倣それ自体が悪なのではない。模倣について法的責任が問われるのは、他者の権利を侵害した場合である。

「オリンピック」のマークとエンブレムは、通常は知的財産権法の一分野である「商標法」で考える。五輪マークと「オリンピック」という名称そのものは国際オリンピック委員会に帰属する標章（シンボルマーク）で、個人や企業が無断使用することはできない。国際オリンピック委員会が選定した開催地で行われるそれぞれの開催について、五輪マークを組み込んだ公式シンボルマークとしての「エンブレム」が採用され、当該の国や開催地自治体やスポンサーとなった企業などがこのシンボルマークを「商標」として使用して、「公式グッズ」を販売したり「公式サービス」を提供したりできるようになる。こうしたシンボルマークが紙袋、Tシャツ、タオルなど、さまざまな「公式グッズ」アイテムに使用されて市場に出され、それに特別な価値を感じて買う人々がいることから、経済の活性化が期待されている。こうした流れで、オリンピックとそのエンブレムは、地域経済や協賛企業の経済活動に直接に関わってくる。

こうしたオリンピック公式グッズについて模倣品（一般に「海賊版」と呼ばれるもの）が出回れば、法的な問題となる。海賊版を作成し販売する行為については、著作権法にも意匠法や商標法、不正競争防止法などの産業財産権法にも違反することになる。

法的なもの、公論、それ以外のもの

2015年に話題となった五輪エンブレム（現在採用されているものとは異なるもの）をめぐる議論には、法的な問題と《法的でないもの》が混在していた。

たとえば、トレースなど、デザインや絵画の作成プロセスで実際に使われるさまざまな技法も話題となった。トレースは、イラストレーターや漫画家やデザイナーが日常に多用している技法で、作成過程の参考・下敷きとして、写真や既成の作品を描き写すことはよく行われている。これが参考程度にとどまれば、意匠権や著作権の問題にはならない。しかし、ある作品の特徴的な部分をそのまま生かして利用している場合には、意匠権や著作権法のルールに従うべきことになる（第4章の「著作権法」の項目を参照）。

また、選考のあり方、デザイナーの人選のあり方をめぐる議論は、公論によって改善していくべき課題である。事柄の公共性に照らして考えれば、公正で可視化されたプロセスを確保するルールが必要だろう。デザインやデザイナーへの個人的な好き嫌いではなく、デザインがイベントのコンセプトと噛み合っているか、イベントの公共性にふさわしい良識を備えているか、といった議論が必要である。そうした中身の議論は市民や有識者の討議・公論に委ねることにして、法はその中身には介入せず、選考プロセスの公正性、透明性を確保するためのルールとなることが期待される。

一方、この問題をめぐって社会で起きたデザイナーへの反応には、法の問題とも、今述べた意味での討議・公論とも分けて考えるべきものが含まれている。「これとこれ、似てないか?」と語ることはもちろん自由だが、「理想に届いていなかった」ことと「法への違背」とを混同して非難をエスカレートさせてしまうと、明日の文化が育ちにくくなってしまう。市民がこの違いを見分けて、価値のある公的議論を支えていくことが期待される。

3 文化芸術と政治と「表現の自由」

世界のさまざまな国の憲法を見ると、ギリシャ、イタリア、ポルトガル、ドイツ、オーストリアなど、「芸術の自由」を保障したものが多く見られる。冷戦後に中欧・東欧の国々で新しく制定された憲法の中にも、「芸術」を保障する規定がみられる。その多くが、国家が芸術に介入したことによって社会の言論環境が崩れるという経験をしており、これへの反省を憲法に盛り込んでいるのである。こうした世界の歴史と努力は、日本にとって学ぶ価値のあるものである。

（1）文化芸術と民主政治の関係

芸術支援の歴史に学ぶ

国家による芸術介入の代表的な例は、第二次世界大戦期のドイツに見られる。ドイツでは、もともとヴァイマール憲法の中に「芸術の自由」の規定があったが、ナチス政権下では「ドイツ民族の芸術」が称賛され、これと相容れない作品には「退廃芸術」として負のレッテルが与えられ、作家自身も活動の場を失っていった。第二次大戦後に制定されたドイツの憲法では5条の3項で「芸術の自由」を保障しているが、そこにはこうした歴史への反省が込められている。

文化芸術は、歴史上、多くの国家の関心事となってきた。たとえば中世の宮廷画家や宮廷音楽家の存在は、芸術の発展の歴史には欠かせない。しかしこのタイプの芸術は、今あるような「表現の自由」の産物だったわけではない。

17世紀・18世紀のヨーロッパでは、芸術を擁護することや美術工芸品を所有することが国力を示すシンボルとなっていた。たとえばフランスのリモージュ、ドイツのマイセンなどの陶磁器は、そのような背景を得て隆盛した。そこでは王侯貴族の個人的な好みとしての芸術愛好と国家としての芸術支援は未分化の状態だったために、歯止めが見失われることもあった。美術工芸の代表格とされるドイツのマイセン磁器の開発者ベトガーは、国王から幽閉されて仕事を強制されている。為政者が芸術を愛好するあまり国家の財政事情を冷静に見ることができなくなった例としては、バイエルン国王ルートヴィヒ2世や、フランス革命で浪費を理由に処刑された王妃マリー・アントワネットが挙げられるだろう。

時代が変わり、民主主義の国家になると、私事と公共の関心事とは分離していく。国家が芸術への支援を行うときには、特定の政治家の私的な好みによってではなく、国民の文化的生活を豊かにするという目的によって行われなくてはならない。ここでは、一方では統制をもって国民や芸術家の自由な精神的発露を塞ぐこと（次に見る第二次世界大戦中の日本やドイツの例）に陥らないように、他方では芸術を愛好するあまり公共のための判断を誤り国民に過剰な負担や損失を与えることのないように、適切なバランスを取りながら進むことが求められる。

芸術の影響力の利用

芸術家にとって深刻な出来事が、戦時下の日本やドイツでは多く起きた。戦争を美化し、国民の結束と士気を高めるために、自国の兵士については戦場の実態とはかけ離れた勇壮な様子を描くこと、対戦国の外国人（ドイツでは国内のユダヤ人も含まれる）についてはことさらに醜悪に描くことが、多くの画家や映画作家に要求されたのである。

戦争画の中でも有名なのは、藤田嗣治（つぐはる）の「アッツ島玉砕」だろう。この絵はその筆致で見る人に強い感銘を与え、戦死・玉砕という事柄を美化・英雄化する流れにも一役買ったと言われる。ドイツでは、映像作家レニ・リーフェンシュタールがナチスドイツのイメージ戦略に協力したことが有名である。しかし戦後、こうした作家は不遇な立場に転じることになる。

芸術表現に国家が介入して、国民感情や民主的な意見形成に一方的な作用を及ぼすことは、現在の「表現の自由」の保障の意義から考えれば、作家の「表現の自由」の観点からも社会全体の「表現の自由」の観点からも、憲法上許されない。日本国憲法にはこのような反省を含む「芸術の自由」の規定はない。しかし、第二次大戦中、国家が芸術の世論形成力を利用した結果、一般国民の民主的な意思形成が歪められてしまったという経験をしている点で、日本はドイツと同じ反省を共有すべき立場にある。

芸術文化研究と平和学

第二次世界大戦中、多くの芸術家が、職業を失うか政府に協力するかの二者択一を強いられた。上記に挙げた画家の例以外にも、音楽では「日本音楽文化協会」という組織が戦時期の音楽を統制していくと同時に、「音楽挺身隊」という組織が慰問活動などを通じて、国威発揚に役立つ音楽を社会に広める役割を果たした。こうした流れによって勇壮な内容の軍歌が称揚され、哀愁を感じさせる歌や恋愛歌が抑圧されたことは有名である。文学については「日本文学報国会」という組織が文学者に対して同様のコントロールを及ぼしており、当時の文学者はほとんど全員入っていたとされる。

今日では、こうした芸術や大衆文化に関する歴史研究が盛んになっている。国家や民族が自己コントロール能力を失って戦争や紛争に傾いていくとき、そういうことがなぜ、どのような経緯で起きたのかを検証すること、またどのようにしてその歪みを正すかを議論することを関心事とする学問分野として、「平和学」がある。この「平和学」の中でも、戦争分析・平和構築の課題の一環として芸術や大衆文化を考察することは、重要なテーマとなっている。

文化における多様性の尊重

ここまで見てきた歴史の中では、国家が芸術に対して、ある政策目的のために同じ価値観を表現するよう統制する方向で介入していた。現在ではこれが反省され、国家が文化芸術に関わるときには、文化芸術の画一化が起きる方向を避け、多様性を尊重・確保することが重視されている。

もともと、美観や価値観、世界観といった文化的な事柄については、一般人の「自由」に委ねられるべきもので、国家は関与せず中立の立場をとることが原則ではある。しかしこの原則に成り行きを委ねていると、市場での強みを持つコンテンツがそうでないものを圧倒してしまい、文化の画一化が起きやすくなる。そこを多様性の尊重という考え方によって修正し、弱い状況に置かれている民族文化の保存に配慮したり（たとえば文化の保存については公的資金で民俗資料館を建てるなど）、時代の流行に左右されない良質な文化芸術を支援することを社会全体の福利と見る考え方がとられるようになっている（文化の公的な側面）。

この考え方からすれば、国家が介入する場合には、本来は、経済市場で成功しそうなものよりも、経済市場では淘汰されてしまうかもしれないが質的に価値のあるものに支援をして、文化芸術の世界の多様性を確保する方向が望まれる。

（2）文化芸術と政治的中立

芸術の場と政治的表現

芸術と法の関係は、「国家からの自由」と「国家による自由」（給付による機会提供）に大きく分かれることを先に見た。ここでは、芸術表現に対して国家や自治体の積極的支援が行われるさいに起きてくる新しい法的問題について考えてみたい。

日本では、芸術表現が政治的メッセージ性を帯びていると見なされた場合、または政治的論議の対象となりそうだと見なされた場合に《芸術表現の場》から撤退を求められる傾向が散見される。たとえば東京都現代美術館２０１５年中の企画展の中にあった会田誠の作品「檄」が「政治的」との苦情を受けたことを理由として美術館から撤去要請を受けた事例や、公民館だよりへの九条俳句不掲載の事例（本書１１７～１１９ページ）などがある。助成や会場使用など、制度の利用を前提としつつ、その中で芸術表現の《国家からの自由》を言うための理論が模索されている。

会場使用の問題では、私的な空間か公的な空間かを区別して考える必要がある。会場提供者が私人（個人の画廊や私企業の運営する場所）である場合には、その私人にも、自分の運営する「場」について「表現の自由」と管理権がある。そのため、法的には、民法上の契約関係の中で、展示の中止決定が不当なものでなかったかどうかを見ていくことになる（ニコンサロン慰安婦写真展中止事件、東京地裁２０１５〔平成27〕年12月25日判決）。

公的空間における表現の政治性が問題となった場合には、「政治的中立性」の原則の本来の意味を確認する必要がある。ここで要求される「政治的中立性」は、会場を使用する市民の側に要求されるものではなく、行政職員の側に要求される原則で、職員が政治活動の主体となって公の施設をこれに利用してはならない、ということが基本である。また、職員が特定の政治的見解に基づいて会場使用の申請を受け付けたり受け付けなかったりすることも、同じ効果を生んでしまうため、あってはならない。このことは第３章の民主主義に関するところ（本書１１３〜１１７ページ）で確認したが、美術館など文化芸術に関わる場所でも、この原則をベースにして考える必要がある。

Case 天皇コラージュ事件——美術館における表現の自由

名古屋高裁金沢支部2000（平成12）年2月16日判決

美術館における表現の自由が争われた事件の裁判例を見ると、日本の美術館の制度的な位置づけや専門職への評価がまだ十分に確立していないことがうかがわれる。代表的な事件として富山県立近代美術館事件がある。富山県立近代美術館が大浦信行氏の版画作品「遠近を抱えて」を購入・展示していたところ、この作品が昭和天皇の肖像を用いたコラージュ作品であることから、県議会でこれを問題視する発言があり、右翼団体から美術館に対して抗議行動が起きた。美術館は1986年に作品の公開を取りやめた上で、1993年に売却し、図録も焼却処分した。これに対して作家の大浦氏と作品の観覧ができなくなった利用者が富山県に対して損害賠償等を求め訴訟を起こした。名古屋高裁は、この損害賠償請求を退けた。

最高裁はこの判決より以前の1995（平成7）年に、「泉佐野市民会館事件」で、市民による市民会館の利用を自治体が拒むことができるのはどのような場合か、という問題について判断を下している（第3章を参照）。これに対して、天皇コラージュ事件の名古屋高裁はこの考え方をとらず、美術館の特質・役割を強調して、美術館の広い裁量を認めた。市民の使用申請に対して受動的な姿勢が求められる公民館と、学芸員が専門家として判断をする美術館では、この問題に関する見方が異なる、という考え方が読み取れる。

美術館がなんらかの空間を必要とすることはたしかであるし、芸術の場が公的な意義を持つこともたしかである。とくに公立の美術館がその所蔵作品や図録を保管するのか、あるいは処分するのかという問題は、私人が絵画を所有したり売却したりする自由とは異なる市民的公共性を担っている。そこから考えると、この事例で美術館がとった行動は、美術館が果たす長期的視野での役割を見失っていなかったか、との疑問がぬぐえない。

Case 映画と国家

今では多くの国が映画というジャンルを単なる娯楽として扱うのではなく、芸術の一分野と見て支援している。日本でも、映画の製作には独立行政法人・日本芸術文化振興会による支援（文化芸術振興費補助金）の制度があり、毎年募集を行っている。

この補助金制度では、補助金を受ける条件として「政治的な訴え」や「政治的偏向」が禁止されているが、この補助金を得て作られた日中合作のドキュメンタリー映画『靖国―Yasukuni―』（2007年）について、ある国会議員が、その補助金支出の適切性を疑問視する発言を行った。このことに刺激を受けた市民から、上映を予定していた映画館に上映中止を求める抗議の電話や街宣車を使った上映中止要求があったことから、公開を予定していた5つの映画館が上映を中止した。この出来事は、国家が直接に映画館に上映を中止させた事例ではないが、国政に携わる公人が特定の作品に負の意味づけとなる発言をすることが大きな社会的影響力を発揮することをよく示している。

最近の例としては、文化庁からの助成を受けた映画作品「万引き家族」が海外で高い評価を受けたことから、この映画監督に文部科学相が祝意を伝える考えを示した。これに対して映画監督は「映画が国益や国策と一体化して不幸を招いた過去の反省に立ち、公権力とは距離を保つ」との見解を公表している。

映画作品で、国家による芸術統制の実例を描いたものとして、アンジェイ・ワイダの遺作『残像』(2016年公開)があり、参考になる。

シンボルの政治と文化芸術

2016年熊本地震の後、熊本県のキャラクター「くまモン」に激励・お見舞いの手紙やメールが続々と寄せられたという。これを受けて「くまモン」(の着ぐるみキャラクター)は、現地で被災した子どもや老人の慰問にまわるなどの「活動」を行い、この「くまモン」を用いた募金活動は数千件にのぼったという。

「くまモン」が熊本の《シンボル》として励ましのメッセージを大量に受けたという話は、熊本の被災地の人々に対して支援的関心を持っている人々がそれだけ存在する、というメッセージとして意味をもつ。自治体がこの《シンボル》にそうした役割を託すことは、自治体の広報活動の一つのあり方である。こうした魅力あるキャラクターが生まれるさいにも、文化芸術の力が関わっている。

キュータ

パテ丸くん

自治体や行政官庁に属する組織が、行政活動への理解を促進するために、親しみやすさを感じさせるマスコットキャラクターを採用し、各種の活動に利用することが増えている。たとえば、「ピーポくん」（警視庁）、「キュータ」（東京消防庁）、「ピクルス王子・パセリちゃん」（防衛省・自衛隊）、「センサスくん」（総務省・国勢調査）、「パテ丸くん」（特許庁・産業財産権制度シンボルマーク）などである。

それでは、こうしたキャラクターが特定政党を支援するキャンペーンに使用されるとしたら、どうだろうか。それは主権者が決めるべき事柄について民主主義のプロセスを歪曲させることになる、という問題を考慮すべきだろう。

先にも見たとおり、公共の施設が政治的中立性を守らなければならないというのは、場所を借りたい市民に対して中立性を要求するのではなく、公共の施設のほうがそのような政治活動の主体になってはならないということだった。それらが政治的中立を守るべきなのは、市民の側の民主的な動きを「公」の担い手が誘導したり統制したりしてはいけないという大きな原則があるからである。

この大きな原則は、自治体や行政官庁の公認イメージキャラクターにも当てはまる。こうしたキャラクターを使用したイベントや啓発活動に対して、本来の目的と異なる政治利用は行われるべきではない。そうした問題を扱った裁判例は今のところ見当たらないが、このことは、第3章で見た民主主義と「表現の自由」の観点からも、本章で見た文化芸術と「公」の関係の観点からも、「公」が守るべき「中立性」である。

文化芸術とポピュリズム

先に第二次世界大戦時の芸術統制の問題を見たが、国家が文化芸術を利用する場面はこれで終わったわけではない。アメリカがエルヴィス・プレスリーやマリリン・モンローを軍隊のイメージ向上に寄与するイメージ・リーダーとして起用していた例、現在の大統領選挙戦において多くのポピュラー・ミュージックが（ときに作者の意図と無関係に）聴衆の気分高揚のために使用される傾向などがあげられる。熟議よりも大衆の感情的・直感的な人気に訴えて民主主義的な支持を勝ち取る傾向は、「ポピュリズム」と呼ばれる。文化芸術がこの「ポピュリズム」のために利用されたと考えられる例は多数にのぼる。

現在、「文化芸術」に関連する法について考察することは、私たちが従来から慣れ親しんできた「芸術」（美術や音楽や文芸や大衆芸能など）にはとどまらない広い射程を持つ可能性がある。先に見た「文化芸術基本法」（２０１７年改正）では、文化芸術の振興に、観光、まちづくり、国際交流、福祉、教育、産業その他の各関連分野における施策を取り込むことが目指されているが、そうなるとこの法律に基づく政策は国民・住民の生活の全般に影響することになる。これは国民・住民の権利や自由に制約を課すものではない。しかし私たちは、これまで見たような《国家と文化芸術とのアンビバレントな関係》について十分な意識を持ちながら、《支援》というものが必要な場面と不要な場面、あるいはその功罪について、議論を深めていく必要がある。

日本における文化芸術支援は、市民の見守りと議論を重ねながら成熟していくことが期待される、これからの分野である。

あとがき

"When you hear music, after it's over, it's gone in the air.
You can never capture it again."
——音楽は終わると宙に消えてしまう。それを掴まえることはもうできない。

エリック・ドルフィーというジャズ・ミュージシャンが、1960年代、自身の最後の録音となったレコードの中にこんな言葉を残している。たしかに、私にはこの演奏を生で聴くことは絶対にできない。今、この瞬間にそこに居合わせていることの大切さは、その瞬間の価値に気づかず素通りしてしまったら、後から掴まえなおすことは二度とできない。

とはいえ、私はこのアルバムを学生時代にレコード盤で買い、後にCD盤でも買った。いろいろ聴いて耳ができてからでないと凄さがわからない部分もあり、大学生の頃に素通りしてしまったところに今になって感動したりするので、この演奏が「記録」recordとして残っていることに、感謝している。

第5章まで書き終えてから、第1章で見た人類の遺産と言える表現の数々について、もう一度考えてみた。私たちは過去の表現者が残したさまざまな表現の恩恵を受けている。表現というものは、時代を超えた生命力を持つものなのだな、とあらためて思う。もしもその時代にその表現が許されず、塞(ふさ)がれたり捨てられたり改ざんされたりしていたら、私は貴重な文化遺産を教養として楽しむことができないばかりでなく、自分自身の思考の足場を得ることもできずに終わっていたに違いない……、と思う表現物がたくさんある。

　本書の冒頭で話題にしたゴヤの絵は、写真がなかった時代の歴史的記録として、また近代最初期の戦争画として再評価されている。宮廷貴族からの注文を受けて描く絵と異なり、庶民の暮らしや市街の様子を描いた版画は、誰からの注文も報酬も受けずに自分の意志で描いたものであり、しかもいくつかの絵は当時の社会背景からすれば宗教的異端に問われる可能性もあったに違いない。そう考えると、ゴヤのそちら側の絵は、近代的な「表現の自由」の精神によって描かれ、生き残った貴重な作品群だと言うことができる。

　そして本文でも見たように、アメリカでは過去の時代の無数の意見パンフレットや新聞投書などが、歴史資料として保存され、出版もされている。歴史的意味を持つ記録の管理の重要性は、多くの国で公文書管理に関する法律ルールとして反映されている。それらは、過去を知るためだけでなく、未来に向けて現在をどう捉えるか、という思考の足場として重大な意味を持つからである。翻ってみると、アメリカの情報公開制度によって公開された50年前の情報が、今の日本にとってどれだけ重大な意味を持っているかを考えてみたとき、それらの情報を外国の制度によってはじめて知ることができるという自分たちの足場について、私たちは落ち着かなさを感じずにいられるだろうか。

私たちが現在行っているさまざまな日常の表現も、将来の世代から見れば何かの重要な手掛かりとなる可能性があり、その中には、検証の対象として価値のあるものも出てくるかもしれない。

第二次世界大戦中、ナチス政権下のドイツでは、ユダヤ人の生活の記録の多くが抹消されてしまったが、このような社会背景の中では、家族のなにげないスナップ写真が重要な歴史資料になることもある。将来、日本の女性の政治経済への進出がもっと進んで家族の形も多様化した頃に、「21世紀初頭までの日本の家族はこんなに問題のない美しいものだったのだから、あの時代に還ろう」という言説が起きてきたとき、「保育園落ちたの私だ」というプラカードを国会前で掲げた女性たちの写真がその反証として役立つかもしれない。今、私たちが考え、望み、怒りを感じている事柄が、将来の人々にとって貴重な参考資料になるかもしれないのである。

私たちが「自由」を放棄して萎縮してしまえば、次の世代はその萎縮した社会をデフォルト（もともとの普通の状態）として受け取ってしまう。だから、自分たちが今「自由」をどのように・どれだけ実践しているかということが、次の世代の人々の生き方を大きく左右する。もちろん、「自由であることを強いる」というのは矛盾だから、法的には「自由に振る舞うのも萎縮するのも各人の自由である」としか言えない。それでも、自由というものを、「自分さえ我慢すればいい自分のワガママとしてではなく、これからの世代への《責任》として思い描くこともできると思う」、と提案することは、私自身の言論の自由として許されるだろう。

このとき私は、自分が言っていることが正しいとか価値があるなどと思い込んだ上で「自由」や「責任」を振りかざしているのではない。

私（たち）が今、さまざまな間違いをしながら、知識や考えが足りず、鈍感だったり傲慢だったりするためにその間違いに気づいていない可能性があるとしても、それはその都度その瞬間には仕方のないことだろう。そのこと自体が、未来の自分自身や将来の世代からの批判・反省の材料になりうる。私（たち）は、そのときには精一杯に謙虚であろうと覚悟しておくことしか、できないのではないか。だから、その時々の自分が、そんなものより少しはましな者でありたいと望んでも、結局はそんなものでしかない、ということは十分に承知した上で、自分なりの不完全な言論の「自由」を大事にするしかない。自分の言論を、その不完全さゆえに卑下することなく、可能な限り大事にしようと望む自由が、私（たち）にはあるだろうと思う。そして私がそんなふうに思っているということが、少しだけ次の世代の役に立つかもしれない、という希望を心の底で勝手に抱く自由も、あると思う。

表現されたもの・情報発信されたものは、表現者本人の人生を超える長い時間的広がりを持ちうる。歴史を記憶するための文化的・芸術的モニュメントの数々は、このことを捉えて創られている。それは、過去との対話のために存在するものであると同時に、未来に生きる人々との邂逅(かいこう)のために存在し、開放されている。

たとえば、2015年から国連の敷地内で展示されているロドニー・レオン作「帰還の方舟」は、大西洋間奴隷貿易のような悲劇を二度と起こさないよう、世界に訴える作品である。この作品は150年ほど前まで航行していたいわゆる奴隷船を模した具象ではなく、「奴隷船」なるものの本質を作家の知性・感性によって抽出し、故郷への帰還から断絶され隷属化させられた人間というものをシンプルに表現している。これによって私たちは、すでに廃止された過去の出来事の記録としてではなく、「人間が人間に対して強制してはならない隷属とは何か」と問いかけるものとして、この作品と向き合うことになる。堅牢な大理石で創られたこのモニュメントは、未来の世代に向けてこの問いを発し続けるものとして、そこに置かれている。

現時点では達成できないでいる希求や、それとして読み取られることが叶わずに沈黙しているさまざまな声が、ずっと後になって掘り起こされたり、解釈によって再現されたりすることがある。それらの声に気づいた未来の人々が「ああ、そうだったのか」と思ったとき、時間を超えた《出会い》が実現するかもしれない。

そのような《未来との出会い》を夢見る自由は、特別な芸術家だけのものではない。それは、すべての人に開かれている。その可能性を開き続けるために、「表現の自由」が今、あるのだと思う。


本書の内容形成については、2017-2020年度科研費採択研究「アメリカにおける映画をめぐる文化現象と憲法：映画検閲から文化芸術助成まで」による助成、および武蔵野美術大学・2017年度教育改革助成を受けました。

筆者はこれらの成果の一環として、「歌でつなぐ憲法の話」「映画で学ぶ憲法」「表現者の自由とルール」など、文化芸術と法のつながりを市民とともに学ぶ講演活動を行っていますが、その実現の機会を提供してくださった武蔵野美術大学公開講座、早稲田大学エクステンションセンター、多くの市民団体、会場を提供してくださった公民館やライブハウスに感謝します。

本書は、企画から装丁まで、大月書店・森幸子さんの支えと信頼とご助言をいただいたことで、魅力的なスタイルを持った本にすることができました。原稿執筆の過程では、早稲田大学大学院政治学研究科研究生の川口かしみさんに、法律情報に関する校閲をお引き受けいただきました。装画は、武蔵野美術大学の松井望さんにお引き受けいただき、美大生ならではのセンスで、美しい世界を創っていただきました。

また、こうした原稿を書いたり勉強会を開くのに、空間を提供してくれたお店もありました。早稲田大学近くのジャズ喫茶「Nutty」、「Kimitier 87」、鬼子母神「キアズマ珈琲」にはとくにお世話になり、表現や文化交流の「場」が街の日常の中にあることの大切さを実感させていただきました。

このように多くの方にご協力をいただき、目を通していただいたことによって、市民の方々にとって手に取りやすい本になったと思います。

そして私には、20年後か30年後くらいにあるかもしれない《未来との出会い》を夢見ることが、いろいろな原稿を《書く》ときの支えになっています。そんな夢の持ち方に気づく機会を与えてくれた、明日に（また）出会うかもしれない人たちがいます。そうした人々に感謝を込めて、あとがきの結びとさせていただきます。

2018年8月16日　記

志田　陽子

主要参考文献

翻訳書は、原書を省略し、訳書のみを記載した。

〔本書の全体に通じるもの〕

市川正人『表現の自由の法理』（日本評論社、２００３年）

奥平康弘『なぜ「表現の自由」か〔新装版〕』（東京大学出版会、２０１７年）

奥平康弘『「表現の自由」を求めて――アメリカにおける権利獲得の軌跡』（岩波書店、１９９９年）

駒村圭吾・鈴木秀美編『表現の自由・Ⅰ状況へ・Ⅱ状況から』（尚学社、２０１１年）

阪口正二郎・毛利透・愛敬浩二編『なぜ表現の自由か――理論的視座と現況への問い』（法律文化社、２０１７年）

志田陽子編著『あたらしい表現活動と法』（武蔵野美術大学出版局、２０１８年）

志田陽子『表現者のための憲法入門』（武蔵野美術大学出版局、２０１５年）

高橋和之・松井茂記・鈴木秀美『インターネットと法〔第４版〕』（有斐閣、２０１０年）

藤野寛・斎藤純一編『表現の〈リミット〉』（ナカニシヤ出版、２００５年）

〔第１章〕

芦部信喜『宗教・人権・憲法学』（有斐閣、１９９９年）

内野正幸『表現・教育・宗教と人権』（弘文堂、２０１０年）